"中国劳模"系列丛书

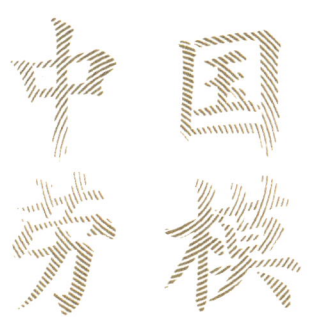

收费岗亭里的爱心奉献者
熊文清

柴青青◎著

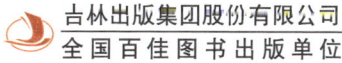

吉林出版集团股份有限公司
全国百佳图书出版单位

图书在版编目（CIP）数据

收费岗亭里的爱心奉献者：熊文清 / 柴青青著.
长春：吉林出版集团股份有限公司，2025.6. -- （"中
国劳模"系列丛书 / 徐强主编）. -- ISBN 978-7-5731
-6132-1

Ⅰ. D263

中国国家版本馆CIP数据核字第20254ZM546号

SHOUFEI GANGTING LI DE AIXIN FENGXIAN ZHE: XIONG WENQING

收费岗亭里的爱心奉献者：熊文清

出 版 人　于　强
主　　编　徐　强
著　　者　柴青青
组稿统筹　东北师范大学文学院创意写作研究中心
责任编辑　杨　爽
装帧设计　张红霞

出　　版　吉林出版集团股份有限公司
发　　行　吉林出版集团社科图书有限公司
地　　址　吉林省长春市南关区福祉大路5788号　邮编：130118
印　　刷　唐山富达印务有限公司
电　　话　0431-81629711（总编办）
抖 音 号　吉林出版集团社科图书有限公司　37009026326

开　　本　710 mm×1000 mm　1 / 16
印　　张　8.5
字　　数　80 千字
版　　次　2025 年 6 月第 1 版
印　　次　2025 年 6 月第 1 次印刷

书　　号　ISBN 978-7-5731-6132-1
定　　价　50.00 元

如有印装质量问题，请与市场营销中心联系调换。0431-81629729

序　言

　　劳动创造财富，劳动创造幸福，劳动创造未来。习近平总书记在2020年全国劳动模范和先进工作者表彰大会上的讲话中指出："全社会要崇尚劳动、见贤思齐，加大对劳动模范和先进工作者的宣传力度，讲好劳模故事、讲好劳动故事、讲好工匠故事，弘扬劳动最光荣、劳动最崇高、劳动最伟大、劳动最美丽的社会风尚。"当今世界，综合国力的竞争归根到底是科技人才和高素质劳动者的竞争。改革开放以来，我们强大的工人队伍用辛勤的劳动和拼搏奉献的精神推动中国制造、中国智造、中国创造走向世界的前列，新时代的中国面貌日新月异。大力弘扬劳模精神、劳动精神、工匠精神，加强高素质技能人才队伍建设，打造一支宏大的知识型、技能型、创新型劳动者队伍，是伟大时代赋予我们的历史责任。

　　劳动模范是民族的精英、人民的楷模，是共和国的功臣。自改革开放以来，广大职工勇立改革潮头，独立自主，奋发图强，勇于创新，其中涌现出一批批全国劳模和大国工匠。他们参与建设了代表中国高度、中国速度、中国深度的一系列重大工程，提升了国家实力，打造了"中国名片"，树立了"中国品牌"，增添了"中国力量"，充分释放出工人阶级的创新活力，展示出大国工匠的强大创造力。他们以工人阶级的满腔热忱在各自平凡的工作岗位上取得了辉煌的成绩，书写了新时代的壮丽篇章。

爱岗敬业、争创一流、艰苦奋斗、勇于创新、淡泊名利、甘于奉献的劳模精神，崇尚劳动、热爱劳动、辛勤劳动、诚实劳动的劳动精神和执着专注、精益求精、一丝不苟、追求卓越的工匠精神，是广大劳动群众在社会生产实践中锤炼形成的弥足珍贵的精神财富，是工人阶级伟大品格的具体体现，是民族精神和时代精神的生动诠释。民族复兴需要劳动模范，祖国强盛需要大国工匠，中国制造、中国智造、中国创造更需要大国工匠的强有力支撑。劳模、工匠等的成长故事、先进事迹中承载的劳模精神、劳动精神和工匠精神，是激励全国各族人民团结奋斗、勇往直前的强大精神力量。

"中国劳模"系列丛书，采用图文结合的方式，讲述全国劳模、大国工匠和先进工作者们的成长经历及他们追梦、筑梦、圆梦的故事，用他们在平凡岗位上创造不平凡业绩的真实故事感染读者，推动形成劳动最光荣、劳动最崇高、劳动最伟大、劳动最美丽的社会风尚，引导广大技术工人和青少年形成劳动光荣、技能宝贵、创造伟大的观念。

"匠心筑梦，强国有我。"新时代是一个万象更新、生机勃勃的时代，也是一个继往开来、创新创业和建功立业的大时代。希望广大读者能以劳动模范为榜样，以大国工匠为楷模，立志技能报国、技术强国，踔厉奋发，勇毅前行，锤炼思想品格，汲取劳动智慧，勇于担当、勤于钻研、甘于奉献，为推进新型工业化和乡村振兴，为加快建设制造强国、质量强国、航天强国、交通强国、网络强国、数字中国、农业强国，全面建设社会主义现代化国家贡献青春力量。

中华全国总工会副主席（兼）

中国航天科技集团有限公司第一研究院

211厂14车间高凤林班组组长

2022年11月

 扫码解锁

◎群英颂歌 ◎赤忱之心
◎业务精进 ◎奋斗底色

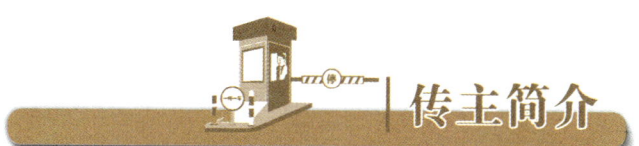

传主简介

　　该怎样介绍熊文清呢？若介绍得太简单，似乎配不上他一路走来所经历的惊涛骇浪；若介绍得太崇高，又怕会让这个谦逊的人满脸通红。

　　1983年1月，熊文清出生在五星垦殖场。在小学阶段，他就展现出卓越的体育天赋，这种天赋让他具备了坚韧不拔、勇往直前、不畏艰难的精神品质。因此，他成为一名举重运动员，并在省级比赛中屡获佳绩。

　　2001年，他进入江西师范大学（专科）学习。2004年大专毕业后，他被特招加入江西公路开发总公司梨温高速公路公司，最初在玉山收费站担任高速公路收费员，随后于2005年被调往广丰收费站。他做过收费员、收费班长，虽然身份发生了变化，但他始终秉承着不懂就要赶紧学、超前学的精神，积极适应各个岗位的要求。

　　2006年，在一次出行途中，他遇到一辆旅游客车在南昌市高新区麻丘镇路段发生严重车祸，车辆栽进路边2

米多深的水沟。车厢内乘客受伤严重，情况十分危急，当时油箱往外漏油，随时可能爆炸。他不顾个人安危，奋力救人，用双手掰断扭曲变形的车厢座椅，将受伤的乘客一个一个往外抱。车里39名乘客中有27人是被他这样救出来的。受伤乘客全部获救后，熊文清悄然离开了现场。后来，因为他曾把手机借给了一名乘客打电话，乘客通过手机里的号码找到了他，他英勇救人的事迹才被大家知晓。

2007年，他担任"熊文清班组"班长，创新收费模式，提升收费站的服务效率和质量，不断推动江西交通系统的改革。

2009年，熊文清来到中国劳动关系学院劳模本科班深造。2013年学成归来后，他重新回到岗位上，将先进理念带回了公司，并应用于具体实践中。2014年，他被任命为上饶市经开区收费站站长。2017年，他担任江西高速公路投资集团南昌东管理中心南昌南管理处副处长。如今，他仍不断提升自己，坚定地走在为祖国、为他人奉献的路上。

一个退役的举重运动员，一个负责任的高速公路收费员，一个被寻人启事"炸"出来的"雷锋"……这些是人们给他贴上的标签。然而，熊文清却说："我只是一个普通人。"

请翻开这本书，欣赏一首熊文清用爱与奋斗书写的新时代劳模之歌。

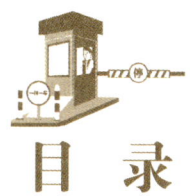

目　录

第一章　小岛上的追风少年

扫码解锁

◉群英颂歌◉赤忱之心
◉业务精进◉奋斗底色

言传身教的良善家风

1983年1月，伴着家人的期盼，熊文清出生于南昌市五星垦殖场的一个普通农家。

地处南昌市东郊的鲤鱼洲且濒临鄱阳湖的五星垦殖场是一个不平凡的地方，被称为我国的"福泽胜地"。长江和鄱阳湖水系常年冲击着鲤鱼洲，使大量的营养物质堆积于此。亚热带季风携着人们"风禾尽起，盈车嘉穗"的期盼，带来阵阵降水，这也是鲤鱼洲发展农业得天独厚的优势。

1959年，南昌市委组织江西拖拉机厂等27个单位于此创办实验农场。南昌市南昌县政府也响应号召，在此创办国营鲤鱼洲垦殖场。1962年洪水泛滥，大部分农场被大水冲垮，只剩下鲤鱼洲垦殖场苦苦支撑。而后，1965年南昌县政府组织蒋巷等6个区镇的4.4万劳动力在此兴修圩堤，这些人头顶青天，脚踏荒原，住草棚，吃咸菜，"大战"110天，于1966年2月按时完成任务，获得126320亩的围垦面积。于是，鲤鱼洲垦殖场便招收了几百名农民工和几十个城镇知识青年在此安家落户，开垦拓荒，为祖国种植粮食。

1969年，清华大学、北京大学相继于此建设分校和实验农场，无数的学生和教职员在这里学习、工作、生活，张岱年、季羡林等知名学者都在鲤鱼洲劳动过。1970年前后，又有几千名知青来到鲤鱼洲平原，他们挥洒汗水，用青春书写奋斗篇章。人们每日在荒无人烟的鄱阳湖草洲上围垦，自己盖房、开荒种地，困难重重。"在烈日下晒红心，在血吸虫水中洗灵魂"，是那个时代的口号。1975年，垦殖场管理权移交至南昌市，正式更名为国营南昌五星垦殖场。

党的十一届三中全会后，五星垦殖场旧貌换新颜。家庭农场、果园、农家乐办得如火如荼，五星垦殖场成为南昌市粮食、瓜果、畜牧、水产品基地和旅游休闲胜地，常有一些在此劳动过的清华、北大教授故地重游并题词留念。20世纪90年代初，五星垦殖场被定为南昌市"菜篮子"工程重点基地。如今，五星垦殖场在党的领导下，继续发扬艰苦奋斗的精神，加强科技创新，推进农业现代化，保护生态环境，为南昌市农业发展贡献力量。

熊文清出生的那年，他的父母迁往五星垦殖场，加入了开荒的队伍。20世纪80年代初的中国农村，还没有现代化机械，开荒的人们靠着自己的双手双脚和肩膀，凭借一把铁锹、一头牛、两个簸箕就能在广袤的土地上进行开荒工作。他们一步一步地在寂寥的大地上行走，身影与祖先的劳作身影重合，精神与祖先的奋斗精神共鸣。如此辛勤的劳作，让荒芜的滩涂和沼泽地焕发出新的生机，变成了如今的良田和鱼米之乡。

熊文清生于五星垦殖场，长于五星垦殖场。他的家在一个三

⊙ 北京大学江西分校旧址

面环水的岛上，离最近的邻居家也有500多米远，这个小家庭的生活十分宁静和安逸，来他家做客的邻居都会感叹："这位置好！"熊文清的父母都是农民，家里的主要经济来源是种地和养鱼。尽管当时家里的生活条件并不富裕，熊文清却认为他们一家人过得十分幸福，两个姐姐的陪伴，也带给他很多温暖和快乐。

熊文清的父母和爷爷，日出而作、日落而息，将汗水洒在这片土地上，浇灌着希望的种子。在那个淳朴的年代，所有在这里劳作的人都朝着一个纯粹的目标迈进——建设自己的美好家园！"劳动最光荣，汗水写辉煌！大家加油干！"在如此艰苦的环境中，即使设备简陋，也无法阻挡人们开荒的热情。即便劳累，他们脸上仍清晰可见对未来的憧憬和必胜的决心。

长辈们常常告诫孩子们："只有大家相互帮助、共同努力，才能过上好日子。"在建设家园的过程中，大家互帮互助、相互扶持，在没有现代化设备的情况下合理分工，每个人都发挥出自己的力量，克服了艰苦的条件，高效率、高质量地完成了任务。言传不如身教。这片土地上的孩子们被大人们忙碌的身影感染，早早便将团结合作的重要性根植于心中。于熊文清个人而言，这种团结合作的精神一直影响着他，无论是在体育生涯中，还是在工作生活里，只有与他人携手合作，才能取得更大的成就。

这种风雨同舟、和衷共济的团结精神，也是熊文清家中"润物细无声"般始终如一的家风。

熊文清6岁时，对世界充满好奇。当时他最大的姐姐也不过10岁，无法解答弟弟的疑惑，熊文清只能揣着满肚子的疑问去询问

⊙ 上图 1998年，熊文清（前排中间）与家人合影
⊙ 下图 1999年，熊文清与母亲合影

忙碌了一天的父母。有一天，他问父母："为什么我们要那么用心地去帮助一个我们并不熟悉，关系也并不是特别好的人呢？"父母微笑着看着自己心爱的孩子，说道："孩子，我们在这个世界上，不仅仅是为了自己而活。我们应该尽自己最大的能力去帮助那些需要帮助的人。这样做，我们的心里会得到最大的安慰，也会得到大家的认可。"

一个温暖的午后，熊文清在村里的小路上悠闲漫步，慵懒地享受着宁静的时光。突然，远处隐隐传来抽泣声，打破了这份安逸。熊文清连忙跑去，看到一个人躺在地上，他的裤子被剪开，露出了腿上一个骇人的、肿胀的伤口，还不时地渗出一些黏稠的血液。熊文清快步上前询问："怎么了？"周围的人说道："他开荒的时候被毒蛇咬了。"当时的情况很危急，熊文清转身全力奔去寻找父母。他的父母听到这个消息很是担忧，父亲扔下手里的工具，焦急地对他说："文清，你快带路！"熊文清领着父亲很快来到了伤者面前，他的母亲和爷爷紧随其后。看到伤者的情况后，他们判断这个被咬伤的人需要及时救治，否则会危及生命。

看到伤者那令人胆寒的伤口，父亲的表情没有什么变化，他喊道："大家让一让，我来看看！"随后父亲毫不犹豫地蹲下身子，用嘴小心翼翼地吸出毒血，以此来减缓毒素在伤者体内的扩散速度。父亲将毒血吐在地上，周围的人们纷纷称赞："熊爸爸是个真汉子！"熊文清既为父亲的勇敢和善良感到骄傲，又不免担心父亲的安全，他攥着衣角，紧张地盯着父亲。待从伤口吸出的血转为鲜红的颜色，熊文清的父母和爷爷将伤者抬到人们找来的板车上，踏上坑洼不平的农用机耕道，准备将伤者送到16公里外的镇卫生院。

路途颠簸、遥远，大家在快速而漫长的行进中，感到脚掌传来阵阵疼痛，不时有小石子进入鞋子里，让疼痛更加剧烈；阳光炽热，消耗着人们的体力，影响着人们的心情。但是，没有人中途放弃。大家不顾自身的疼痛和劳累，尽力将板车推稳，并时不时安抚伤者的情绪。"到了！大家推稳点！"终于，在4个小时后，疲惫却坚定的人们满身汗水地将伤者送到了镇卫生院。

将伤者送到镇卫生院后，父母和爷爷并没有回家，而是在镇卫生院等候、陪伴伤者。熊文清和两个姐姐在家里焦急地等待着长辈们回来，担忧弥漫心间，化作焦虑。姐姐们一时间束手无策，只能时不时询问熊文清："文清，你说爸爸妈妈什么时候回来，我们要不要去找找他们？"小文清也不知道怎么办，拉着两个姐姐的手，安慰道："姐，我们在家等着吧，爸爸妈妈一定会回来的。我们先吃饭吧，别让他们担心我们。"锅里只有早上剩下的饭，他们却毫不在意。深夜，借助星星的闪烁和月亮的微光，孩子们远远地看到了三个熟悉的身影，禁不住扑到他们怀中，大人们摸了摸孩子们的头，夸他们真懂事。

熊文清的父母言传身教，用实际行动书写育儿篇章。

"积善之家，必有余庆"

熊文清的父母都有着一颗善良质朴的心，他们经常告诉熊文清："帮助别人，不仅能够使自己内心获得满足感和成就感，也在带动大家一起相互支持、相互帮助。这样的行为，会让世界变得更加和谐美好。"这些话深深地印在了年幼的熊文清心里。后来父亲的经历也验证了所言不虚。

2003年的夏天，南昌格外炎热。虽然五星垦殖场临水，又有植物的遮挡，但是滚滚热浪仍旧不断向劳作的人们袭来。炎热的天气使得人们头晕眼花，视线模糊，大家只想尽快完成任务，好好休息。突然，一声巨响破坏了这幅辛苦劳作的"夏日开荒图"。人们循声望去，不禁心惊胆战——联合收割机侧翻了，熊文清的父亲被压在下面，已经昏迷不醒，嘴角有鲜血流出，情况危急。庞大的机器好像吞噬人生命的猛兽，人们的生命在它面前显得格外渺小。

熊文清的母亲最先反应过来，声嘶力竭地哭喊着："孩子爹！"随后，飞奔到熊文清父亲身旁，脸上满是无助的泪水。而在这危急时刻，附近的人们在震惊之后，马上反应过来，出力的出力，喊口号的喊口号，安慰的安慰。"人心齐，泰山移"，随着"三、二、一"的喊声，这台重达3吨的收割机被人们抬了起来。母亲看到那由人们肩膀撑起的安全区，以及终于显露出来的父亲塌陷的胸腔，泪水更加汹涌地流出，但她不敢耽误一刻，连忙将父亲从泥浆中拉出来。

父亲在这次事故中断了八根肋骨和一根锁骨，每当回想起那一天，父亲都会说："没有大家的帮助，我不敢想会有怎样的后果。"父亲是家里的顶梁柱，守护着这个家庭，他除了后怕，更多的是感动。而熊文清也很受触动，从此，助人为乐不再是熊文清心里简单的想法，更是一种使世界更加美好的行动。

"积善之家，必有余庆"，父母曾经的善举不仅在危急关头拯救了一个家庭，还使得孩子们深刻理解了父母言传身教的道理。

穷人的孩子早当家，熊文清在充满爱的家庭里长大，也有着一颗感恩之心。家里虽不富裕，却是长辈们辛勤耕耘、姐姐们悉心维护的结果。他不敢忘记长辈们身体力行传授的道理，这些道理也使得他早早体会到人世间艰辛却又温暖的生活。这颗感恩之心，也让他早早褪去孩童的顽皮。他总是扬起尚且稚嫩的小脸，认真地说："我来做。"他感激五星垦殖场的一草一木，珍惜家中父母打拼下来的来之不易的一切，总是尽自己所能帮助父母和姐姐们，希望能够减轻他们的负担。

勤劳善良的父母，将自己的壮年岁月奉献给了祖国的开荒事业。他们深知这份工作的重要性，因此不敢有丝毫松懈。他们告诉年幼的熊文清："要做事首先要学会做人，做人就要图个心安理得。不管别人遇到什么困难，只要是我们能够帮得上忙的，都要尽力去帮助！"父母也始终如一地身体力行，而这也教导着熊文清做一个有道德、有责任感的人，这些话也成为他为人处世的准则。从小到大，他都秉持着互帮互助的原则，在别人有困难时伸出援手，用自己的方式传递着爱与温暖，希望世界充满"玫瑰的余香"。

熊文清深知如今的一切是多么来之不易，父母一代人为了将先辈的事业传承下去，不辞辛劳地垦荒种田、建设家园。他们的努力耕耘，必定会换来更加美好的明天。熊文清从不偷懒，他深知一分耕耘一分收获。他相信只有不断努力，才能真正实现自身价值，让家人和乡亲们过上更好的生活，进而实现自己的社会价值，为祖国的繁荣富强贡献自己的力量。

漫漫上学路

1989年，伴着晨星闪烁，带着父母的嘱咐，熊文清踏入了五星垦殖场四分场小学。这个农村小学质朴而宁静，熊文清很是满意这里的学习生活，唯一让他觉得不便之处就是学校和家距离较远，而且当时交通并不便利。从上学的第一天开始，他便需要比平时早起两个小时，在晨雾尚未散去时，呼吸着早上清冷的空气，踏上那条7千米的"漫漫上学路"。

那条路很是漫长，不免有崎岖之处，肩膀上的书包左摇右晃，熊文清的心却平静如水。所谓成长，不过是一切艰辛之总和。他从不抱怨"道阻且长"，他总是怀着虔诚的、期待的心，踏上自己的上学之路，迎接自己的成长。他始终懂事、独立且坚韧，像小大人一样处理好自己的事情。父母也时常叮嘱熊文清，熊文清却笑笑说道："爸爸妈妈，我可以按时上学，你们不用担心我。"辛苦的上学路上，印着小男孩或深或浅小心翼翼的脚步，这条路显现着一个学生对于时间的精准把握和珍惜，凸显出一个人勇敢面对困难的决心。

这漫漫上学路上也不全是辛苦。熊文清永远记得那些沿途风景，他的心像一卷胶片，眼睛是镜头：天空中变幻莫测的云朵，田野上随风摇曳的稻谷，路边竞相开放的野花……都被他存放在记忆的相册里，是他生活的调味剂。"我多快乐！"多年后的熊文清，面对着生活的艰辛与迷茫，望着不断变化的工作环境，揉揉苦涩的眼，依然清晰记得那些年温暖的风。

黑夜无论怎样悠长，白昼总会到来。

1995年，12岁的熊文清尚且不知命运的天平倾向了他，人生的转折点悄然而至。在这么一个满眼好奇、渴望探索世界的年纪，他被选入了南昌市体育运动学校。熊文清兴奋地说："进城了，而且学费、食宿费全免！"这个机会，让历经磨砺的熊文清感到骄傲和庆幸。在对未来的期待中，小文清回想起了自己的三年级，回忆起了那位张老师。

　　1992年，熊文清升到了小学三年级，也遇到了自己的第一个贵人。放学路上，熊文清只要一看到张长根老师骑着自行车，便会兴奋地追逐一程，这是小小的熊文清心中"惊喜的遇见"。张长根老师看着跟在自行车后的熊文清，会意地对他笑了笑："文清，你跑得挺快啊！"张长根老师是五星垦殖场四分场小学的体育老师，几次接触后，他便敏锐地发现了熊文清是练体育的好苗子。

　　熊文清的体育天赋和热情让张长根老师很是激动，张长根老师专门来到熊文清的家里，诚恳又认真地对他的父母说："文清这个孩子在体育上很有天赋，他自己也喜欢体育。"熊文清的父亲握紧了手说："我们不知道文清练习体育之后会有怎样的发展，但既然您如此欣赏我的儿子，作为父亲，我一定支持孩子，不让他的天赋被浪费。"

　　后来，五星垦殖场早起的人们便总能看到一个奔跑的身影在蜿蜒的小路上向前。"千里马常有，而伯乐不常有"，熊文清敬爱着这位欣赏他、培养他的张老师，也希望自己能够脱颖而出，展现自己，因此一直遵循着张老师为他制订的训练计划，每天跑步上学和回家。

　　清晨的阳光透过绿意盎然的树木，唤醒了沉睡的熊文清。他轻手轻脚穿好鞋子，小心关上房门，只留下愈来愈远的"嗒嗒嗒"的脚步声。微风带着花草的清香，轻拂熊文清的脸庞，鸟儿的歌声传到他的耳畔，他只觉得这五星垦殖场如同神仙的后花园，如今凡人也能享受到这种美好。偶尔天公不作美，乌云笼罩整片大地，风逐渐大起来，吹动着熊文清的衣服，便会勾勒出他瘦小的身姿。迎风跑让他的步幅逐渐变小了，这时候，熊文清会想到语文课上的"山雨欲来风满楼"，此情此景和这句诗的表面意思倒也相合。他不想停歇，迎着风雨继续向学校前进。

熊文清坦言，在这段练习体育的日子里培养的跑步习惯，让他的身体和灵魂得到了双重洗礼，如今心中只有旷达。熊文清时常感激这段和时间赛跑的日子，那坚持不懈的运动精神伴他度过了人生无数个艰难时刻。

这条无比熟悉的回家路上，没有童话故事里的钻石粉，但这条路在夕阳的余晖中闪亮着，指引着孩子们回家的方向。跑步结识的朋友是熊文清珍贵的财富。"文清，你快点！""你小心点，我马上就追上你了！""不可能！不可能！你先追上我再说！"树林在黄昏中燃烧，路过的风将它幻成倒悬的海，像小鹿般奔跑的好友们，追赶着黎明。

志同道合的朋友们相互打气，跑到气喘吁吁，直至炊烟升起，直至太阳坠入无边的黑夜。随着时间的流逝，曾经一起奔跑的朋友们渐渐各奔东西，岁岁年年，辽阔的土地上似乎只剩下熊文清一人，但那些浓烈的喜悦和成就感仍旧紧紧地包裹着他，好友的祝福和鼓励在梦里闪现，依稀可见。好友的关爱和情谊，带给未来的熊文清源源不断的力量与支持，使他的步伐更加坚定，一路栽树种花，一路绿树成荫、花开满地。

　　熊文清回想起来如是道："这段经历已经深深地烙印在我的心中，成为我成长道路上最宝贵的财富。"健康的体魄、积极向上的态度、坚持不懈的性格，是熊文清"安得倚天剑，跨海斩长鲸"的动力源泉。无论面对什么困难和挑战，他都会像当初一样勇往直前，永不言弃。

第二章　举重夺冠

扫码解锁

◉群英颂歌◉赤忱之心
◉业务精进◉奋斗底色

"我的梦想是当世界冠军"

说起举重，多年后接受采访的熊文清仍然两眼放光，慨然道："退役是退役了，但毕竟我以前的梦想是当世界冠军。"

1995年，初入南昌市体育运动学校的熊文清，内心得到了极大的满足，开始了人生的新篇章。他不仅来到了城市里，学校的政策让他没有经济负担，还得到了更加专业的指导和训练，这一切都让他感到兴奋和惊喜。"春风得意马蹄疾"，追梦的道路上几乎没有什么阻碍了，他信心满满，专心致志，像一头雄狮一般沉潜蓄力。

如果说张长根老师是慧眼识珠的"伯乐"，那么南昌市体育运动学校的教练们便是熊文清成长路上既严厉又温暖的"驯马师"。教练们总是用欣赏又期待的目光注视着熊文清，语气却十分严肃："熊文清，动作再标准点，收紧！"熊文清认真地完成所有任务，满足感如同柔软的棉花糖一般，充满他的心。教练的赞许让他既兴奋又喜悦，但也让他感受到不能避免的压力。他决定全力以赴，抓住这难得的机会，发挥出自己的潜力和才华，不负自己的梦想，不负教练们的厚望。

每日重复的跑步练习、力量训练、技巧学习，这些并没有击倒熊文清。历经暴风雨的他，体魄更加健壮，精神更加坚毅。熊文清从未抱怨过训练的辛苦。他珍惜这种令人倍感自豪的经历，因为他能通过不断的进步与十年如一日的热爱，向所有人证明自己。在这条追梦的道路上，很多人都希望熊文清能够坚持下去，实现梦想。对于这种善意，熊文清在感激之余，更加努力地训练，他想用不懈的付出回报支持自己的人。

而后，熊文清得到了董军教练的赏识，开始专攻举重专业。

举重是一项需要极高体能和技术的运动项目。举重训练总是让人满身伤病，要面对的是难以想象的苦。举重运动员为了一个梦想，为了生活，硬扛着把自己的身材练得异于常人，最终在赛场上举起那惊人的重量。谈及自己的举重生涯，熊文清只讲述着教练的指导和自身的提高，其中的艰难都藏在那盈盈笑意里。

这小小的体校里人才济济，熊文清的同门尽是一些优秀的运动员，第三届东亚运动会举重冠军熊美英是他的师姐，第十届全国运动会举重冠军阮俊发是他的师兄。他们像是指引方向的灯塔，熊文清与他们一同进行艰苦的训练，深受鼓舞，更加坚定地投入挑战自我、突破极限的征程中，渴望在运动场上绽放属于自己的光芒，取得更大的成就。

熊文清看着同门取得的成就，内心中一个崇高的梦想悄然萌发——成为世界冠军，为祖国赢得荣誉。这个梦想让熊文清不满足于现状，他的理想像火焰一般燃烧起来。天赋和才华是入门的必要条件，而刻苦的学习和不懈的训练才是通向梦想的阶梯。他胸膛炽热，坚定前进。

⊙ 1996年，熊文清（前排左二）在南昌市体育运动学校与举重队队友合影

再坚强的人也会流下泪水，可竞技体育不相信眼泪。熊文清在成长中，也遇到了很多困难和挫折，比如训练过度带来的筋疲力尽，成绩不理想引发的灰心丧气……在深夜，这些痛苦试图击垮熊文清，但理想和目标的光芒驱散了黑暗。第二天训练前，他总能重新振作起来，继续前进。

熊文清从来不是只有"三分钟热度"的人，成为世界冠军这个宏大的梦想，让他付出无尽的努力和汗水。年复一年地训练里，他对举重运动的热爱和执着始终不改，那些举重高手的成绩是他的训练目标，也激励着他不断提高自己。那些熠熠发光的举重金牌获得者，是熊文清训练场上的无形队友。每当看到举重队友在比赛中取得优异的成绩时，熊文清都会感到深深的敬佩和满满的自豪："他们能够成为世界冠军，是因为付出了比我更多的努力和汗水。"因此，熊文清更加坚定目标，相信自己也能够通过努力，站在更大的舞台上，身披国旗，为国争光。

"我相信，只要坚持不懈地努力，总有一天会实现自己的梦想，成为一名世界冠军，为祖国争得荣耀。这是我最美好的理想，也是我愿意为之付出一切的目标。"

在哪里跌倒，就从哪里站起来

"功不唐捐，玉汝于成。"1998年是熊文清的收获之年。

1998年，江西省第十届运动会如期举行。在男子举重62公斤级的比赛中，熊文清十分激动，在挺举时竟一时分不清自己是在训练还是在比赛。肌肉记忆支撑着他完成比赛，直到周围的掌声响起，他才恍如大梦初醒，最终夺得亚军。同年江西省锦标赛中，他奋力拼搏，凭借出色的表现一举夺冠，之后被江西省体育运动学校录取。

两次胜利，激发了熊文清巨大的信心，同时他也松了口气，自己没有辜负大家的期望。回望来时路，熊文清始终头脑清晰、目标坚定。同门师兄阮俊发15岁时，挺举成绩便已达到132.5公斤。熊文清将目标进一步提高，剑指福建名将万建辉15岁时创下的140公斤的纪录。

而后大半年的艰苦训练，又像是梦境一般，每分每秒重复的动作，成功的喜悦或不成功的挑战，都化作熊文清"千磨万击还坚劲"的勇气和力量。澎湃的激情和不屈的意志相遇，无惧挑战的生命之美熠熠生辉。熊文清在一场77公斤级挺举比赛中，举起165公斤的杠铃，赢得了观众的喝彩，也坚定了他实现梦想的决心。

也是这一年，伤病突如其来。

筑梦之旅不可能一帆风顺，荆棘与坎坷常常相伴。在一次训练中，熊文清像往常一样举起杠铃，却突然失去了平衡。"啊！"杠铃狠狠砸在了他的左膝上，那一瞬间，他没来得及做出反应。这次的意外撞击使他的左膝严重损伤，半月板也受到损伤。过重的伤势，使得正值上升期的熊文清不得不告别自己如火如荼的体育事业，在近两年的时间里，他无法参加正常的训练和比赛，只能在家中静养。

休养的日子并不好过。熊文清躺在家里，一片寂静中，他似乎感受得到神明在傲慢地看着自己，那感觉如同小岛上云的变幻，风在院子里的穿梭，天高地远、时间漫长……他只能接受这傲慢的逼迫，接受曾经和现在，从那寂寥的悠远中找到答案。在等待康复的日子里，熊文清无法投入热爱的事业中去，但他的意志和毅力得到了前所未有的提升。

体育书写人类最不屈的意志，描绘人类最伟大的精神。"在哪里跌倒，就从哪里站起来"，熊文清积极配合医生的治疗，不断进行康复训练，经过身体平衡的重建，他的伤病逐渐好转，最终重新回到了赛场。伤病只会成为锻炼熊文清的火焰，这次受伤的经历让他更加谨慎地进行训练，也使他更加珍惜每一次机会，同时，坚持不懈的精神仍旧闪耀在他的体育生涯中。人生漫长，晴雨交加，熊文清心怀对体育事业的热爱和追求，即使身处困境，他仍旧克服伤痛，继续努力拼搏，为自己的梦想而奋斗，拥抱人生的星辰大海。

2002年，江西省第十一届运会到来了，熊文清全力以赴，不承想这次比赛使得他和梦想永远相隔了。

在紧张的备战时刻，熊文清的右膝盖半月板受伤了。受伤的那一瞬间，熊文清便知道，追梦之旅要结束了。他无助地躺在医院里，失神地问自己："为什么这么不小心，伤到了自己？我该怎么办？"这次赛前的伤病像一条无法逾越的鸿沟，阻隔了梦想和追风少年，鸿沟似在嘲笑他的努力。身体的疼痛让他苦不堪言，精神支柱的崩塌更让他不住颤抖，他咬咬牙："我不能就这么放弃了，我一定可以的。"他决定背水一战——带伤参加比赛。

可能上天听到了熊文清心中的呼唤，眷顾了这个永不言弃的勇士，他最终战胜了所有对手，夺得了男子举重77公斤级冠军。"这可能是我最后一次站在赛场上，我必须全力以赴，不留任何遗憾。"熊文清深刻了解自己的情况，凭借坚韧不拔的毅力和对胜利的渴望，竭尽全力，放手一搏，为过去几年的辛勤训练做总结，为自己的职业生涯留下拼搏的印记。

当熊文清站在领奖台上时，他看着台下欢呼的人群，望着周围年轻选手们艳羡又钦佩的目光，一时间竟无半分喜悦可言。那些年夕阳下奔跑的追风少年的梦想最终没能实现。"江山代有才人出"，他的身体早已过了巅峰状态。无尽的孤独和深切的无奈，一时间袭向熊文清，让他想马上逃离这个领奖台。"我已经无法再继续我的运动生涯了。我必须面对现实，接受我永远无法实现世界冠军梦想的事实。"面对前所未有的失落和打击，熊文清沉默又勇敢地接受了命运的安排。"尽吾志也而不能至者，可以无悔矣，其孰能讥之乎？"他追求的事情是纯粹的，追求的过程是享受的，没有什么值得他长久懊悔的。人生的风景在前方，他要继续前行。

熊文清的体育生涯可谓辉煌，在江西省第十届运动会上获得亚军，在江西省第十一、十二届运动会上获得冠军，还曾于1998年，在更为专业和高水平的省锦标赛上取得冠军。"在哪里跌倒，就从哪里站起来"，这些象征"更高、更快、更强"的、代表江西省最高水平的体育盛会，见证了熊文清的拼搏，也证明了他在这个项目上的突出实力。能够在这样的赛事上取得冠军，熊文清感到很自豪。

光而不耀，静水流深。比赛中取得的优异成绩，并没有改变熊文清骨子里的谦逊低调。作为省运动会举重项目的冠军，他从未接受过记者的采访。"我不喜欢在公众面前过多地展示自己。"熊文清深知专访并不能带给他技术上的提升，在媒体上频繁露面、提高自己的知名度也不是他的追求。他认为运动员需要一直默默努力，在平凡的日子里耐心地等待花开，在每一次比赛中超越自我。他深信，总有一天，自己的才华会绽放耀眼的光芒。

英雄本色初显

师弟郑乐阳最感激的是师兄熊文清。谈到腰部受伤的那段日子，郑乐阳的眼里泛起浓烈的感激之情，语气也变得热切了许多，"文清师兄每天在训练结束后，都会背我去康复中心接受治疗。"

熊文清训练结束后，简单地擦了擦身上的汗水，便来到郑乐阳身旁，俯下身子道："乐阳，快上来，小心点！"郑乐阳熟稔地趴到师兄的背上，心中既感激又愧疚，低声向师兄道谢——自己的师兄总是不求回报地帮助自己。到达康复中心后，即使有专业医护人员提供的针对性的治疗和康复方案，郑乐阳心中仍旧充满不安，身体的隐痛无时无刻不在侵扰着他，精准地击中他的脆弱之处，仿佛下一秒自己便会被抛弃在冠军梦破碎的永夜之中。在这种情况下，他会时不时地望向熊文清，而熊文清则在一旁默不作声，安静地陪伴着自己的小师弟，用手拍拍他，给予他精神上的支持和鼓励。举重之道，不仅是力量和技巧的配合，更是一场灵魂和命运的较量。这些伤病和痛苦，熊文清感同身受。当伤病悄然来临时，迷惘、无奈、不知所措，无数情绪的风暴会袭向一个奔跑的、追逐梦想的运动员。然而，只有穿过这风雨，这位运动员才能变得坚不可摧。

做善事是让人愉快的，因为它满足了人们对自身善良品质的期许。做善事得到受助者的感激是件让人更愉快的事情，因为这实现了人们对世界美好愿景的期许。郑乐阳时常将他敬爱的师兄挂在嘴边："师兄是我的导师，也是我的朋友。"熊文清深知举重运动员的艰辛，理解师弟当前的迷茫，便尽力让他在治疗和康复的艰难时光里感受到温暖和关怀，想尽办法去安抚他的情绪、坚定他的信念，将他从这命运的泥潭中拉出来。熊文清无微不至的关怀，如同温暖的火焰，燃烧在郑乐阳小师弟的胸膛，滋养着他的身心，郑乐阳受到师兄的鼓舞重新振作，从此永远相信人类毅力的伟大。

熊文清知无不言，言无不尽，从不藏私，毫不吝啬地将自己举重的经验和秘诀传授给同门的小师弟。每一个细微的动作、每一次呼吸的调整，都会影响最终的成绩，"差之毫厘，谬以千里"。一个举重前辈从最基础的姿势开始，将每个动作和技巧的细节揉碎，再娓娓道来，细致温柔的话语涓涓流淌在郑乐阳记忆的晴空里。"举重是由下而上的运动，试举的路线越直越省力"，熊文清的话语似乎还在郑乐阳的耳边响起，那些正确地运用力量和技巧来减轻腰部的压力，以及如何保持身体平衡和稳定的方法，让郑乐阳受益匪浅，伴随着他走上每个孤独又壮丽的赛场。

时间没有辜负他们，他们也没有辜负时间。熊文清心疼又欣赏的小师弟，经过他的帮助和指导，终于重获健康，重新站在赛场上展现自己。师弟的进步让他感到满足，他垂下眼喃喃道："因为我知道自己的付出得到了回报，也见证了一个小师弟的成长。"

而后，另一件事情的发生更是显现出熊文清的"英雄本色"。

阴天，天空灰蒙蒙一片，一直延伸到最远处，这是天与地的交融。吴小海——熊文清的师弟，就是在这种阴天里，经历了这辈子都难以忘记的事情。

在光线难以触及的角落，罪恶悄然滋生。吴小海和他的队友外出办事后，拖着疲惫的身躯，无精打采地走在返回学校的路上。那天不知怎的，这条回学校的路上几乎看不到其他人，倦意不断袭来，但两人在混沌中保持了一丝清醒，机敏地注意到异样，极力甩出脑中的困乏，警惕地看着周围，脚步不断加快，希望快些安全回去，好好休息。吴小海踢着小石子为自己壮胆，好像这样就能驱散灰蒙蒙的天气和内心的隐隐不安，他侧过身安抚同伴："回去我们得好好洗个澡，放松一下。"随后不断观察周围环境，判断视线范围内没有危险后，吴小海终于松了一口气。

而暗处的歹徒俯下身子，倚靠着墙，手中紧握尖刀，阴恻恻地笑看两人逐渐清晰的身影。仔细观察周围情况后，4个歹徒决定速战速决，交换了势在必得的眼神后，便从暗处窜出，举起尖刀，猛冲向吴小海二人。这些歹徒目标极为明确，挥舞着尖刀，凶恶地威胁道："你们把钱交出来！"昏暗的天空下，歹徒手中的刀具闪烁着残忍的冷光，吴小海二人被这刀光刺得一激灵，不禁冷汗直冒，随后立即反应过来，快速躲闪。

突如其来的危险降临在距离学校不过百米的地方。作为体校的学生，尽管平时再怎样勇敢能吃苦，但也未见过这种情形，一时间惊慌占据二人大脑。歹徒们没有给他们反应的时间，更加狠厉地发起攻击，想速战速决。吴小海觉得自己好像在梦里，不然怎么会遇到这么恐怖的事情？不容吴小海多想，他迷茫无措地躲闪很快被对方抓住破绽，歹徒们的拳头狠狠砸向了他。

猛烈的袭击震动着吴小海的身体，不住地发颤，剧痛蔓延全身，一时间让他难以出声。危急的处境终于将他从恍惚中拉出，身上的疼痛像被针刺一样一下一下刺激着他的大脑，他反而镇定下来。眼神逐渐坚定，肾上腺素飙升，吴小海不再躲闪，一声怒喝："我不怕你们！你们休想做坏事！"即使有反抗的勇气，但赤手空拳难敌对方的锋利武器，他们还是被逼得节节败退。

老天偏爱勇敢的人。在这个阴沉的午后，不只有歹徒和二人的对峙，还有命中注定的英雄本色得以彰显。熊文清那天结束训练后，打算去校外走走，正好路过这里。在朦胧的天光下，熊文清远远地看到几个人在"追逐打闹"，起初他并没有在意，那时候同学之间的相互打闹是常见的娱乐活动，只笑着感慨："还是年轻人精力旺盛。"然而，随着眼前的身影越来越近，耳边的声音也越发清晰，熊文清察觉到不对，步伐越来越急促。一声声打斗声从前方传来，证实了熊文清的猜想，他心中一紧，为正遭不幸的人担忧起来，立刻快速奔向危险之境。

凶狠的歹徒听到脚步声，看到附近只有熊文清一个人，斜过眼威胁着来人，叫他不要多管闲事。冰冷的刀光激起无畏的斗志，昏暗的光线沸腾着勇者的血液。从小便接受父母助人为乐思想的熏陶，熊文清做不到视而不见，他心中只有一个念头——他必须保护好无辜者的安全，不能让歹徒得逞。此身所寄，一往无前，他携着一腔孤勇，走向正处于激烈搏斗中的师弟二人。

突然闯入战局的孤勇者，采取不顾一切的打法。耳边呼呼响起的风声与杂乱无章的脚步声，使歹徒们在一时混乱中落了下风。心中充满爱时，人总是能不畏艰难险阻。熊文清不是不怕受伤，也不能确保自己能够以少胜多，但保护师弟们的念头，让他决不回头，因此勇往直前，越战越勇，敏捷地躲过歹徒们的攻击，找准时机进行反击。

形形色色的普通人，以勇敢和坚定，重新诠释英雄的定义。从天而降拯救师弟们于危难的师兄，是吴小海二人的英雄。两位师弟眼睛里亮亮的，崇拜地看着师兄英勇的身姿。"一人兴善，万人可激"，二人更加勇敢地与歹徒们搏斗，不给师兄拖后腿。终于，熊文清趁着其中一个歹徒喘息的片刻，猛地夺下了他的尖刀，利落地将他推倒在地，用脚紧紧踩住他的手腕，防止他再次伤人。做完这些，熊文清转过身想去看看师弟那边的情况，正看到师弟们奋力的样子，可自己这边也走不开，于是大声指导："绊住他的腿，对，别让他刺到你！"最终，三人合力战胜了歹徒。

熊文清回忆这段往事时，语气里满是自豪："我知道，我会一直记住那一刻，记住那份勇敢，记住那份对正义的坚持。"在熊文清眼里，与歹徒搏斗，不仅是在保护师弟们，也是在保护自己，这一切都是值得的。带着这一刻的勇气，熊文清咬紧牙关，笑对人生的荆棘和坎坷，继续向前奔跑。

第三章　救人成名

扫码解锁

◉群英颂歌◉赤忱之心
◉业务精进◉奋斗底色

"从五星垦殖场出来的人，吃什么苦都不算苦"

江西将冷未冷的冬天，是一首醉人的婉约词。它来得没有一丝征兆，也许在某个早晨，推开窗户，前所未有的寒意便直冲脑门。天空总是下着阴沉的小雨，室内更是又湿又冷，刺骨的低温让每个生活在江西的人都愁眉不展。难得的阳光透过玉山收费站的窗子，倾泻在熊文清的桌前，带来丝丝暖意。

2001年，APEC（亚太经济合作组织）领导人非正式会议在上海召开，北京申奥成功，中国正式加入世界贸易组织……无数重大的历史时刻都装点着这个黄金岁月，中国人民满怀憧憬地奔赴各自的前程，迎接着这个机会满满、生机勃勃的时代，见证着中国的强大与飞跃。熊文清也不甘落后，一场意义重大的考试像一阵春风，将他吹向人生的新起点——江西师范大学。初入大学的熊文清选择了体育教育专业，这个全新的领域带给他无限的期待与激情，他憧憬着未来能够将自己的专业知识传授给更多热爱体育的人。

原始森林般朝气蓬勃的青春岁月，携着千禧年的灿烂与活力，带给刚入大学的熊文清无限希望。各种专业知识和技能充盈着熊文清的生活，理论与实践相结合，多年运动生涯的经验，终于在大学的课堂化作点点星光，指引赶路人迷茫的双眼。"嘿！哈！"操场上总是响起熊文清训练的声音，在江西夏天的火炉里，在烫得难以站立的操场上，在他的胸膛闪闪发亮的汗水中，都能感受到他的执着与拼搏。

有限的跑道，无限的人生。在这个偌大的学校里，从来不缺追梦的年轻人，熊文清时常惊叹同学们的天赋与能力。自身的不足他也暗暗记住，气馁和无奈从来不是他人生的标签，"不求一世，只图一时"、得过且过的念头被埋葬在他坚定的信念下，他做的只是更加努力地去改变。在这段岁月里，熊文清的个人素质有了质的飞跃，往前走时，熊文清总是觉得有种声音在遥遥地召唤着他，前方的路闪烁着隐约的光芒。

运动员的辉煌岁月总是很短暂，所有的欢呼与赞美都成为过去，留下的只是对生活和未来的迷茫。熊文清坦言："在退役之前，我对未来充满了迷茫和困惑。毕竟，我并不是世界冠军，甚至连全国冠军的荣誉都没有。我开始思考，如果我退出了运动生涯，我应该去做什么？"

熊文清积极寻找着人生的出路，再次踏上未知的道路。常年举重的经验让他毫不犹豫地选择担任举重教练。然而，举重和教举重有着很大的区别，一位好的运动员不一定能教会别人怎样运动。熊文清的经验和技能都不足以胜任这个岗位，他只能另寻出路。而后，熊文清冥思苦想，竟无奈地发现自己对于其他领域几乎没有任何经验。

人们在迷茫时总是会被人群裹挟着前进。熊文清反复考虑后，终于想到一个适合自己的工作——成为一名体育老师。他客观地剖析自己，有耐心、善良又热情是他的长处，但是缺少专业知识和技能是他显而易见的短板。此外，他意识到成为体育老师的机会并不多，这是更为严峻的客观现实问题，给中小学生上体育课，培养学生的运动习惯，有很多优秀又专业的人才抢着干，而他是否有足够的能力和资格去竞争这份工作呢？

退役是一场巨大的"戒断"，熊文清和他充满掌声与豪情壮志的运动生涯剥离。在这之前，他便感受到时光如汩汩泉水向人生的下一程流淌，只是他还没做好准备。迷茫与困惑，精准地概括了他退役前那段时间的所有情绪。敢问前路在何方？他不知道自己应该去做什么，也不知道自己是否有能力做好想做的事情。深夜辗转反侧时，他坚定地在心底说："只要我有决心和毅力，我一定能找到属于我自己的道路。"

2004年大专毕业后，熊文清凭借出色的体育成绩得以参加特招考试，这是他一直等待的破茧成蝶的机会。在这年冬天，他通过考试，进入江西公路开发总公司梨温高速公路公司（以下简称梨温高速公路公司）的玉山收费站工作。学生的身份熊文清早已驾轻就熟，职业人的身份便等待他去探索。熊文清想到那段刚出校园、步入社会的忙碌日子，没有觉得疲倦，而是跟身边人感慨道："这是我人生中的一个重要转折点。"

梨温高速公路公司是一个充满活力和挑战的地方。全新的工作环境、先进的公司理念、独特的公司文化，让熊文清目不暇接，两眼放光。公司倡导"快乐"理念，如今的熊文清依然能大声说出来"快乐"理念指的是什么，他自豪地挑挑眉，"快乐管理、快乐工作、快乐奉献。"这种鼓励员工以快乐的心态去面对工作和生活的理念，是他一直以来的生活态度和价值观，为他的生活奏出一曲和谐动人的乐章。

带有五星垦殖场的良好家风吹向了熊文清的工作领域，在其中幻化为另一种形式，向所有人展现出一个以忘我工作为乐、以助人为乐为追求的鲜明形象。熊文清全身心投入工作中，感知到工作的不易，体会到梨温高速公路公司理念的先进与难得，这于他而言是一种真正的快乐。这种满足和感动，在熊文清帮助他人时，如细雨一般耐心地、慢慢地流动于他的全身，他走进自己的灵魂深处，朝着真正的自我挥了挥手。来自灵魂深处的力量，昭示着他无限的可能性，他目光坚定，期待能在梨温高速公路公司这个大家庭中，践行自己的快乐理念，为公司的发展贡献自己的力量。

高速公路收费员采取"四班三运转"的倒班制度工作方式，需要熊文清在不同的时间段工作，而且每个班次之间的间隔时间也非常短。刚上班的熊文清很苦恼，曾经在体校养成的早睡早起的健康习惯，如今却成了他在收费站工作最大的障碍。时间一到，那来势汹汹的困意很快将他裹挟。在孤寂的黑夜里，他能做的只是狠狠揉揉眼睛，强迫自己保持清醒，打着哈欠自言自语："9点了，如果不工作的话，我该睡觉了，也不知道家人和朋友们睡了没有？"夜幕笼罩着收费站，相比白天，很少有车经过，熊文清心头发颤，在漫长的值班时间里，他一手举起昏暗的灯，一手撑起无边的黑暗。若是夏夜，还有微风轻轻拂去炽热，繁星璀璨，洒下满地银辉，虫吟织夜，扫去熊文清内心的阴霾。倘若冬夜，冷峻与苍凉压得他胸膛沉闷，心寒眸酸。

清楚自己的现状后，熊文清开始调整自己的作息，学会在机械的工作中寻找乐趣，努力在重压下保持冷静。

玉山收费站接待着来自天南海北的各类车辆，收费员需要穿戴整齐，秉持专业态度坚守在岗亭里，微笑着为每一位司机提供服务。在枯燥无味的上班时间里，熊文清藏起难以言说的孤独，专心致志地记录来往车辆的车型，一丝不苟地整理资料，或是熬到日沉西山，或是熬到晨光微曦。观察车型、探寻人们劳累的原因、寻找解决争端的最佳方法，这些事都成为熊文清乏味工作里的一抹亮色。无心插柳柳成荫，后来熊文清时常感谢这段在基层一线的经历，让他在收费站实行改革时游刃有余，真正做到为人民服务。

熊文清的同事们经常看到他抓住工作间隙，在收费站附近拉伸身体，做一些放松的运动。他们笑道："年轻人还是很讲究啊。"没过多久，只有一人的运动队伍扩大到所有人，大家一有空便做着熊文清教给他们的动作，放松自己酸痛疲惫的身体。收费站的工作人员久坐久站，加上长期不可避免地熬夜，身体多多少少有些小毛病。熊文清希望自己有健康的身体，为父母遮风挡雨，在忙碌的工作生活中找到身心休养的办法，去适应自己选择的道路。

从五星垦殖场走出来的熊文清，气质里蕴含着那里勤劳的传统，谈笑间父辈的优良传统便流淌而出。熊文清深知生活是艰难的，明白眼前的工作是珍贵的机遇，因此总是在心底告诫自己："只有通过自己的努力，才能改变自己的生活状态，才能让自己和家人过上更好的生活。"他顺势而上，气宇轩昂地迎接人生难得的转机。

　　每一次加速，都向未来更进一步。2005年，熊文清被调到较为轻松的驾驶员岗位时，同事拍拍他的肩膀，恭喜道："文清，你可以好好歇歇了。"熊文清在新的岗位上，仍旧秉承着原有的工作态度，赢得了所有人的认可。

　　经过系统的岗前培训，他正式成为收费站的一名"安全守护者"，负责在车轮上执行安全职责。他承担常态化巡逻任务，进行路况丈量，处理重大突发事件，执行应急救援行动，并协调跨部门联动机制。每日驱车数百公里，他化身为道路安全的"移动哨兵"，用行车轨迹编织起一张安全路网，守护着千万司乘人员的出行安全。

　　但没过多久，他的一个举动让所有人都感到费解——向上级申请调回到收费员的岗位。驾驶员相比收费员，既不用长时间坐班，也鲜少熬夜，福利待遇也更好。上级领导把熊文清调到这里，显然是出于对他的重视，也是对他一直以来工作的认可。周围人都对他的选择充满疑惑，不解地询问："文清，你为什么不做轻松些的工作，非要回来熬夜？"熊文清摩挲着那个相伴他无数日夜的收费键盘轻声道："我更喜欢在集体里工作。开长途时对着后视镜说话，回声都能听见。"他望向监控画面里收费站霓虹灯下大家各司其职的身影，这场景永远比孤独的车灯温暖动人。他在调岗申请书上写道："从五星垦殖场走出来的人，都知道麦穗要扎堆才沉甸。"比起独自丈量里程，他更想和同事们一起守着这岗亭，让每个深夜归人都能看到这灯火通明的窗口。

　　收费员和驾驶员都是高速收费站重要的职位，在熊文清眼里，二者没有什么高低之分，只是他觉得自己更适合、更喜欢收费员这个岗位。

从收费员到驾驶员再回到收费员，梨温高速公路公司"快乐管理、快乐工作、快乐奉献"的理念始终如伴奏曲一般，贯穿于熊文清工作的各个阶段。

在工作中找到乐趣，是一种至关重要的能力。工作并非都是不快乐的，那些能让人快乐的工作，通常是先让自己拥有快乐的心态。熊文清把工作视作与生命意义紧密相关的问题来对待，最终领悟到"快乐"理念的真正内涵——没有哪一种成功是轻而易举获得的，无论多苦多累，都是成长的历程。

正是快乐理念让熊文清能够始终以积极乐观的态度面对困难和挑战，以饱满的热情迎接每一天。无论是做收费员还是驾驶员，熊文清都将自己的工作视为实现自我价值的途径，用心工作，才能为自己的生活增添更绚丽的色彩。这样的好心态，自然让熊文清在工作中找到乐趣与满足，让幸福与快乐洋溢在这狭小的岗亭中。

少时在五星垦殖场挥锄垦荒，青年时在交通系统挥洒汗水——对于熊文清而言，垦荒后收获的麦穗和服务中目睹人们的笑脸，都是命运赋予他的勋章，这构成了他独特的耕耘哲学。磨损的收费键盘见证了他辛勤播种的轨迹，巡逻车上里程表的数字则标记着岁月与成长的年轮。他工作的每一刻都在实践着快乐的理念，不断吟唱着"快乐耕耘者"的劳动赞歌——每一次抬杆动作宛如麦浪随风起伏的韵律，每一盏岗亭的灯火则映照出收获季节麦穗低垂的温馨。

"日月不肯迟，四时相催迫。"熊文清两点一线地奔波于公司和宿舍之间，四季轮替在玉山收费站的晨曦里，摇晃在他匆匆的步履中，辗转在他挺拔的肩头上，如此年复一年。熊文清坦荡地拥抱着命运的馈赠。那些冗杂而枯燥的工作，磨炼了他的坚强意志，而他对工作的热爱从未改变。

每段经历都有其存在的意义。熊文清认为那段让人感到疲惫紧张的日子是难忘且充实的，每次提起，他都会耐心地讲述自己应对困难的经验："'快乐工作'是公司倡导的理念，也是我适应繁忙工作的方法。我在工作中找到快乐，得到满足，也实现了自己的价值。"

时光匆匆，熊文清又一次站在人生的岔路口，未来的路隐藏在层层白雾之中，他抿抿唇，既期待又惶恐。

广丰收费站的温情岁月

生命是一场穿越暗夜的飞行。2005年的冬天，玉山收费站附近的树在寒风中枝干遒劲，急切地等待春天使者的到来。凛冽的寒风如刀割，让人忍不住缩缩脖子，而那树中蕴含的生机又让人路过时对生命的复苏啧啧称奇。这看似平常的冬日，却是熊文清职业的转折点，改变了他原本的生活。他告别了熟悉的玉山收费站，被公司派去值守广丰收费站，迎来了一段难忘的时光。

位于半山腰的广丰收费站还没有正式运营，缺少防盗和防抢设备，收费站内物品被盗的情况非常严重，公司派出的两名员工无法兼顾全部工作，这让公司的上级领导非常苦恼。随着天黑得越来越早，损失越发严重，寻找解决方法的任务迫在眉睫。最终，领导想到了熊文清，便立刻与他联系："文清，我记得你是练体育出身的，胆子也比较大，并且有一定的驻守经验。广丰收费站缺少值守的人员，我们决定把你调过去。"于是有四名员工轮流值守在这个收费站。到达广丰收费站后，熊文清凭着在农村生活时积累的防盗经验，巧妙地设置了一些简易但实用的防盗机关，还向其他同事分享应对突发情况的技巧，这些技巧和经验也派上了用场，让他十分有成就感。

　　晨曦初露，广丰收费站在鸡鸣犬吠的喧闹声中逐渐苏醒。冬天的早上寒冷异常，熊文清睁开眼便看见窗外白茫茫一片，霸道的寒气透过玻璃窗在室内翻滚。他凭借强大的意志力离开温暖的床，推开冒着寒气的大门。还没来得及伸懒腰，一团快速移动的黄色"身影"就出现在他尚有些模糊的视线里——一只中华田园犬迎面向他冲来，用前肢搭在他的腿上，伸出舌头讨好地舔着他的裤脚。中华田园犬在农村是人们看家护院的好伙伴，熊文清斟酌再三，又询问了同事，最终把这只小狗留在了广丰收费站。而后，广丰收费站逐渐加入了更多新的"成员"。

　　"咯咯咯""嘎嘎嘎"的家禽叫声不断从院内传来，热闹的大自然交响曲驱散了困倦，大家随即投入忙碌而充实的工作和生活中。这些小动物可不是在收费站里"白吃白喝"的，熊文清交给它们一个艰巨的任务——帮助自己和三位同事守护这个收费站。以前的收费站，远离市区，又尚未正式运营，人少得可怜，尽管有熊文清的加入，白天都难免显得阴森，更别说夜晚了。熊文清提出的方法不只他自己受益，也减轻了同事们的心理和生理的双重压力。动物们的到来，也为收费站增添了不少烟火气。同事们十分感激熊文清，不禁赞叹道："文清，还是你这个方法好！我工作这么多年了，按理说胆子也不算小了，可晚上巡逻的时候还是会害怕。自从有了这些小动物，我安心不少啊。"

这些忠实的伙伴们帮助收费站减少了财产损失。当小偷再次光顾收费站，机敏的小狗立刻发出急促的吠叫，随后便是家禽们被惊醒一齐发出叫声。熊文清等人听到声音便抄起棍子，快速推开房门。危急时刻，熊文清怒喝一声，向黑暗深处前进，其他人紧跟其后。这时候，熊文清的体能优势便很好地发挥了作用，他远远望见小偷鬼鬼祟祟的身影，立刻加快脚步追了上去。随着一声"不许动"，熊文清快步上前，张开双臂阻拦，随后吹了吹口哨，小狗闻声仰天大叫并勇猛地追逐着妄想逃跑的小偷。而后，同事们赶来，和熊文清一起抓住了小偷。渐渐地，收费站被小偷光顾的次数越来越少。

这些小动物给收费站增添了欢乐。如果有人路过，常常能看到收费站的工作人员在前面走，小动物们零散地跟在后面的有趣场景。冷风顺坡而下，吹得小动物们东倒西歪，小鸭子卖力地维持挺直的姿态，却被风裹挟着向右移，小狗也用有力的尾巴甩着熊文清的腿，他被逗得忍俊不禁。这些可爱的小动物不仅可以作为收费站财产的守护者，还为工作人员的生活增添了许多乐趣，如此一来，大家更感激熊文清了。

日子慢慢过，留下难以捕捉的痕迹，极具生命力的春天来了。除了小偷偶尔打扰他们外，广丰收费站的工作在熊文清等人的努力下井然有序。那个他刚来就注意到的荒废水坑，如今也重焕生机，朝气蓬勃。在此之前，水坑上面漂浮着不少杂物，一阵风吹来，刺鼻的味道刺激着每个人的神经。熊文清希望生活在秀美的风景中，于是决定改造水坑，改善环境。他的实践能力和动手能力极强，修剪水坑上面的树木，捞起里面的杂物，经过一番打理，水坑从原本毫不起眼的小角落变成了让人一眼就会注意到的波光粼粼的小池塘。熊文清决定将它充分利用起来。趁着一次外出的机会，他在花鸟市场买到了鱼苗，而后将这些承载希望的鱼苗放入刚打理好的小池塘里，期待小鱼快些长大。

这期间，熊文清彻底整理了收费站院区，为收费站顺利通车做了充分的准备。广丰收费站还没有正式运营，但每天有接连不断的货物被送到这里，把院区塞得满满当当的。熊文清注意到货物的堆放马上就要影响到他们的正常工作生活了，便立刻行动起来，与同事们商议去整理货物。他先是统计货物的种类，随后根据收费站的空间来安排货物存放的位置，并做好标记，分批进行整理，同时也不忘预留出后续货物的存放空间。与此同时，熊文清还将院内的其他杂物一一分类整理，看着原本杂乱的收费站变得规整，他感到十分欣慰。

改变如水，润物无声。小动物们灵动活泼的模样，小池塘的重焕生机，规整的收费站院落，以及熊文清和同事们面对困难时越发旺盛的斗志，共同交织成了这一幅振奋人心的改革图景。熊文清因为公司的需要和上级的信任来到这里，他在风雨中前行，任凭艰难的岁月化作利剑毫不留情地射向他，却依然紧握住心中洁白的、接近春天般绮丽的梦想，肩负起保护收费站的重任。

与过去的自己博弈，本就是一件难事，而要从中悟得一丝道理，体会一分成长，更是难上加难。坚韧不拔的熊文清在值守的过程中，体能和实践能力都得到了很大的提升。朴素方显可贵，少年时代的成长经历，已经告诉了他要去珍惜每一份资源，享受生活的每一刻。那时候他的阅历尚浅，还不足以完全理解，如今面对广丰收费站焕然一新的景象，他不禁热泪盈眶。

熊文清还担任了收费站的临时"厨师"，将乐于助人的优良家风发扬光大。

在熊文清调来前，有三位同事驻扎在广丰收费站。单位配备了基本的灶具，但是他们没人会做饭，这便意味着除了要认真值守，他们还得每日为吃饭问题发愁。收费站远离市区，外出买饭并不现实，为了不每天吃泡面，他们只好硬着头皮向附近的村民求助，让村民们帮助他们把饭菜送到工作地点。收费站工作人员本是服务人民的，如今却因为吃饭问题总是麻烦村民，让他们从心底觉得愧疚不安。但是长期吃泡面也不是解决问题的办法，如此一来，他们陷入了十分尴尬的境地。

熊文清可谓是同事们的福星，自从他来到这里，不仅改善了工作环境，还主动承担起了厨师的职责，为同事们烹饪美味的饭菜，解救他们于麻烦村民和吃泡面的矛盾中。熊文清的智慧和热忱征服了同事们的心，而他的好厨艺也征服了他们的胃。他带来的烟火气萦绕在每个同事的心里，为收费站的生活增添色彩，也在无形中提升了工作效率。每天吃饭的时间成为大家共同的期待，因此同事们每天都铆足劲地尽快完成工作，好去享用可口的饭菜。幸福生生不息，人们总以为它在千里之外，遥不可及，它却在不经意间轻轻叩响心房。看见同事们满足和感激的神情，熊文清觉得做饭的辛劳被抚慰了，心口热腾腾的，这幸福看似简单易得，却是弥足珍贵的。

天将亮未亮，当大多数人还沉浸在梦里时，熊文清已经背起篮子，深一脚浅一脚地行走在买菜的路上了。雾气深重，即使没下雨，熊文清也会穿上雨衣和靴子来御寒。这身打扮在当地并不稀奇，早起去地里干活的农民或是同样去镇上买菜的村民都这样穿。去往镇上的路在雾气里迷离惝恍，似通往仙山的神秘小道，熊文清总觉得会遇上一位戴着草帽、披着斗篷的世外高人。走着走着，他莫名地有些恍惚，脑海里浮现出小学时上学的那条路，遥远又美丽。

呼吸着清新的空气，感受着大自然的宁静与祥和，这是独属于熊文清的美好时光。当他仰着头行走在小路上，觉得自己像小鸟一样，马上就要振翅高飞了。清晨的微风挟着水汽，触碰着他的肌肤，将他内心因平日忙碌而积累的疲惫与阴霾一扫而空，心底的荒芜化作盈盈绿海。

脚上隐隐传来的疼痛打破这份美好，靴子底坚硬，熊文清不得不通过调整着力点来减轻疼痛。对于这种小路熊文清并不觉得是挑战，和他小时候跑步上学所经历的艰辛相比，眼前的困难不值一提。小文清都能克服的困难，如今已经长大成人的他也一定可以克服。靴子在小路上留下独特的足迹，他回头看去，是一步一步坚实的脚印。熊文清为自己鼓劲："只要付出努力，就一定能够实现自己的目标。这样一步一步地走下去，我相信离镇上不远了。"

随着太阳升起，熊文清雨衣上的水汽凝结成小水珠，沿着下摆滑落，留下一道轻盈的弧线。经过长途跋涉，熊文清终于抵达了镇上，人群熙熙攘攘，摩肩接踵，人潮推动着他向前挪动。平时在收费站里鲜少见到这么多人，现在看到这么多为生活忙碌奔波的人们，听到耳边不断传来小摊贩的吆喝声和人们的砍价声，他眸光发亮，心中满是对生活烟火气的感慨。

"婶，菠菜是今天刚摘的吧，多少钱啊？"熊文清学着周围人的样子去买菜。"婶，便宜点吧，我要得多，以后也总来你这里买。"他又照葫芦画瓢地去砍价。好在成功了，熊文清道谢说："谢谢婶，明天见！"随后又如法炮制仔细挑选了更多新鲜的蔬菜、水果和肉类。熊文清不光买菜，他还很喜欢和摊贩们交流。正所谓"行行出状元"，熊文清十分佩服摊贩们种植和养殖的智慧，每当他用惊喜又渴望的目光看着摊贩们时，这些可爱的人们恨不得将毕生经验和盘托出，耐心又热情地告诉他各种食材的特点和烹饪方法。正是这些宝贵的智慧与经验，使熊文清得以变着花样"投喂"同事们。

掂掂篮子里满满的食材，熊文清结束了买菜的任务，随着人潮，原路返回到收费站。一回到站里，熊文清便像变戏法一样，从院里的角落拿出厨房用品，开始准备食材，同事们得空时也会跑来帮忙。花一些时间研究新的菜谱，尝试不同的烹饪技巧，成了他的新乐趣。各种食材突破常规的搭配方式，以新的形式融合在一起，一道具有独特风味的菜便诞生了。同事们会将菜全部吃掉，就像高脚杯里盛满的美酒散发出的醇香，那香气轻轻晃动，幸福感溢满了他的心。

收费站里虽然只有4个人，但是按规定还是要按时开会，讨论工作和生活中存在的问题和解决方案。在一次会议上，同事们提出收费站的每个人都要轮流负责购买日常所需的食材，不能把这个任务全部压在熊文清身上。熊文清没有丝毫犹豫，举起手来，立刻表示了反对。他真诚地看了看每一位同事，解释道："我在农村长大，小时候，经常需要走很长的路。这样的生活对我来说并不陌生，我已经习惯了。因此，我认为我还是更适合去买菜。"同事们的感激难以言表，于是化作了实际行动，熊文清总是能够深切体会到同事们对他的关怀，那关怀是他买菜归来时桌上烧好的热水，是夜晚巡查时同事提前换班让他能好好休息的温暖。困难能够使人迅速成长，爱同样可以。

"不吝微茫，造炬成阳。"无论是收费站环境的美化，还是同事们伙食的改善，都让收费站整体的工作面貌焕然一新，团队凝聚力也因此得到了质的提升。广丰收费站工作繁多，需要灵活处理工作事务，好在人数不多，关系简单，大家相处时间久了，都把彼此当作家人去关爱，每个人都感受到无尽的温暖。熊文清更是不想辜负这份温暖，于是更加努力地工作，像竹子一样在雨后一节节地向上突破、生长，从身心两方面提升自己。

熊文清认为这段经历是塑造他工作态度的重要时期，他多次坦言道："这段经历让我深深地理解了工作的责任和奉献的意义。我意识到，只有我们愿意付出更多的努力和时间，才能让工作生活更加美好。"作为一个笃定的人，一个立足现实的人，一个为人民服务的人，熊文清认为自己有义务、有使命，对自己的工作负责，尽力做到最好。责任已经成为他工作中不可或缺的一部分，无论是日常简单的任务，还是有挑战性的工作，他都时刻保持专注和投入。"越是艰难处，越是修心时；越是尽责后，越有开心颜。"责任感驱使熊文清咬紧牙关，克服困难，坚持不懈地追求卓越。秉持着这种勇于担当责任的大公品格，他不断磨炼自身的能力和技能，赢得他人的信任与尊重，在未来的日子里，他必能肩负起更为重大的使命，铸就辉煌的事业，为社会和人民贡献自己的光和热。

"冀以尘雾之微，补益山海，荧烛末光，增辉日月。"社会的进步，实则是每个小人物默默奉献汇聚而成的磅礴之力。一颗星的光芒微弱，无数颗星聚集在一起，便足以冲破黑暗，照亮夜空；一个人的力量渺小，但每个人都超越个人利益，为团队和社会作出贡献，便能够装饰整个春天。奉献精神和助人为乐的品质一起激励着熊文清去关心和帮助他人。在小小的收费站里，奉献已成为工作生活的一种价值观。奉献所带来的爱传递在熊文清和同事们之间，充沛的成就感和满足感在空气中流动，使得他们建立起良好的人际关系和团队合作精神。阳光澄澈，爱满人间，这种奉献精神从熊文清那里向外传递，流向更广阔的天地，进而构筑起更美好的工作环境和社会环境。

四周一片岑寂，前路云蒸霞蔚，一缕远方的清风吹来，熊文清伸手捕捉，终是满手空空，来也无名，去也无形，他目视前方，稳稳地走着。

危急时刻方显英雄本色

日月狂奔，又一个夏天蹁跹而至。2006年的夏天分外炎热，尤其到了下午，风吹来滚滚热浪，让人头晕目眩。五星垦殖场的人们即使有很多农事没完成，却再也耐不住这酷热的煎熬，纷纷躲回家里，大口大口地喝凉水。

2006年7月9日，是"宜醉宜游宜睡"的星期日。熊文清回到家里休息，打开窗户，斑驳的阳光透过树木，柔和地铺洒在他躺着的粽香盈盈的草席上，蝉鸣阵阵送他进入梦乡，难得的假日让他很惬意。成年后，繁忙的工作使他鲜少回家，如今得以回家休息，熊文清内心的兴奋难以抑制，提前几天便计划好要怎样度过这个周末。

母亲一早就赶去南昌城里的姐姐家，离开家前，不忘对躺在床上休息的熊文清喊道："文清，饭在锅里呢，记得按时吃！我走了！"熊文清懒懒应了一声，而后翻了个身。其实他潜游千里的梦早已停歇了，却无意起来，偏过头望向窗外，不改旧时模样。他的窗户正对着院子里的井，父亲正在卖力地压水，然后把水提到屋里，倒入水壶中烧开，再将烧开的水小心翼翼地端到熊文清的桌上。父母的关怀与爱让熊文清觉得自己回到了小时候，他不用硬抗所有压力，难过的哭泣有人心疼，惊险的经历有人担心。在他看来，家就是这样一个充满爱的港湾，无论岁月如何流转，家人之间的情感都如同老树的根，随着岁月深入土壤，越发坚韧。思绪在回忆与现实间飘荡，熊文清沉浸在这温暖的氛围中。

然而，父亲焦灼地来回踱步，打破了这份宁静。父亲非常依赖母亲，他们夫妻感情深厚，是乡亲们和孩子们眼中爱情的榜样。此刻父亲在院子里不时念叨着母亲的名字，担忧让他不时弄弄花草、喂喂家禽。父亲无意打扰熊文清休息，但农村安静，细微的声音也会被放大。熊文清意识到父亲的焦急，连忙起身穿鞋出门。阳光下父亲花白的头发刺痛了他，父亲看到他时挤出笑容，熊文清心疼不已。他擦了擦鼻子，对父亲说："爸，我去城里接妈，今晚我下厨，我厨艺大有长进。"父亲点头，"快去，注意安全！"

下午4点半左右，熊文清骑着摩托车沿着昌万公路的麻丘镇路段前行，他走走停停，缓慢地向前行进。近晚的阳光透过树叶的缝隙柔和地洒在他的脸上，泼墨般斑驳的光影映在路面上，梦幻而唯美。熊文清不快不慢的速度带起一阵阵微风，温度舒服得恰到好处，让人想放下手头的事，闭上眼睛好好感受。这里尚未完全城市化，绿化极好，像流动的绿色海洋，草木的清香萦绕在熊文清的周身。

继续向前行驶没多久，突然，车胎的尖厉嘶叫传进周围人的耳朵里，熊文清被震得耳膜刺痛，险些面部表情失控。刺痛过后，耳鸣不顾一切地向他袭来，他忍着疼痛向前方望去——人群骚动，四散开来，人们眼中全是惊惧，好像前方有什么洪水猛兽似的。此起彼伏的尖叫和哭泣取代了原本的宁静美好。

不好的预感迸出，待人群疏散，他这才看清前方约百米处发生了一起交通事故。一辆旅游大客车撞在路边的一根电线杆上，巨大的撞击力使电线杆扭曲变形，玻璃碎片四散飞溅，冒着烟的电线垂在地上，尾端有星星点点的火花。而后，他眼见着车子再也支撑不住，失去平衡，一头栽进了路旁2米多深的水沟里，顿时浓烟滚滚涌向天际，浓烟在绚丽的天空下弥漫，形成荒诞的人间一幕，爆炸似乎下一秒就要发生。

"不好，出车祸了！"熊文清焦急地喊了出来。在这危急时刻，他意识到事态的严重性，调整着自己急切的呼吸声，深吸几口气，很快平静下来。随后，他毫不犹豫地用最快的速度驱车向事发地点前进，并大喊着"让一让"，他敏捷地躲避着向四处逃窜的人们。慌乱中，人们对事故现场避之唯恐不及，他是醒目的逆行者。到达事故车辆近前，熊文清把车停好，立即冲下坡去。

靠近事故车，熊文清才看清大客车的惨状，心中的担忧更甚，不敢想车内乘客现在的情况。风挡玻璃被撞得粉碎，碎片散落一地，还有几片摇摇欲坠地挂在窗框上，这一定是相当大的冲击力造成的。整个客车像是被巨人用双手狠狠拧了一样，车头严重变形，车身扭曲得让人害怕，外壳完全破碎的车灯绝望又不甘地闪动。熊文清震惊地看着惨烈的一幕，怔愣在原地，心惊胆战间，他能清晰地感受到寒毛挺立，冷汗直流。时间就是生命。熊文清双眼一片赤红，手臂颤抖，没有时间可以耽误了！回过神后，他急忙从口袋里掏出手机，迅速拨打急救电话，向医院和警方报告这起严重的交通事故，希望他们尽快前来救援，拯救这些遭受苦难的无辜的人。

做完这些，熊文清猛然想起刚路过的农田有不少村民在劳作，于是骑上摩托车，沿原路快速返回。这片农田一片祥和，人们戴着草帽，躬身劳作。熊文清骑车来到附近，不敢耽误一分一秒，立刻声嘶力竭地向村民们喊道："那边出车祸了，大家一起去救人！"朴实善良的村民们放下农具，争先恐后从田地里跑到熊文清身旁，急切地问："小伙子，哪里出车祸了？"知道地点后，一位村民郑重地对熊文清说："小伙子，我回趟家，把我女儿叫出来，她学过护理，能帮上忙！"而后，大部分村民放下手里的农活，在熊文清的指引下来到了事故现场，为遭遇交通事故的乘客提供帮助与支持。

回到事发现场后，熊文清不顾危险，靠近大客车仔细观察里面的情况。透过车身的玻璃，他隐约看见车厢后半截空空的，可想而知，车里的座椅和人都因为撞击，被甩到了车厢的前半部分。车厢前部的情况有些棘手，车门因扭曲变形被紧紧地卡死了，他本想试着用拳头敲开两侧玻璃窗，但又怕过猛的撞击会使车里的人受到二次伤害，犹豫之后，他只好放弃这个想法。而且，这些玻璃窗受到的撞击虽较轻，但它们是密封的，很难打开。

熊文清灵机一动，来到车尾，用全身力气推开最后排的玻璃窗，将身子探进车内，眼前的惨状让他身体瞬间僵直——车厢内的座椅都被连"根"拔起，人和座椅严严实实、密密麻麻地挤着，像是工厂里废弃的家具一样堆在一起。大部分乘客已经晕了过去，还有几个意志力较强、伤势较轻的乘客眼角含泪，痛苦地呻吟着。一股浓烈的混合着血腥味和汽油味的诡异气味扑鼻而来，熊文清不住地干呕，同时也意识到油箱泄漏了，救援要抢时间。

熊文清一直在收费站工作，其间还担任驾驶员走南闯北，但还是第一次目睹如此惨烈的交通事故现场。他不知道怎么形容心中的感觉，紧张而恐惧，压抑又绝望，眼前的场景有种诡谲的不真实感，心脏在急速跳动，仿佛要从胸口跳出来，血液在身体里疾驰，熊文清头昏眼花，甚至觉得需要救助的是他自己。熊文清呆呆地看着眼前惨象，震惊地愣在原地，不知道该做什么，无从下手，害怕自己笨手笨脚的，会对乘客们造成二次的伤害。这时，可能是车里的伤者看到了希望，熊文清听到座椅和乘客组成的"堆"里传来一声痛苦的呼救声。熊文清的理智被这声呼救召回，一股强烈的责任感代替恐慌，涌上他的心头，给他以无穷的力量。他坚定地对自己说："我不能就这样坐视不理，我要尽我所能去救那些受伤的人。加油，熊文清，你一定可以！"

熊文清将窗户全部拉开，飞快地挤了进去，开始寻找可能的救援点。他仔细观察着，而后搬开一些堆得不紧密的座椅，试图找到可以抱起乘客的地方。夏天的南昌像一个大火炉，更不用说闷热的车里了，熊文清的短袖很快被汗水浸湿了，且车内散发着一股冲天的让人难以忍受的怪味，他屏住呼吸，拍拍自己的脸，努力保持清醒。每一秒都可能决定一个人的生死，他不能有丝毫的犹豫和懈怠。他抬起胳膊，无力地擦了擦脸上的汗，继续投入救援中。

事故现场的温度越来越高，汽油味越来越浓，熊文清在心中暗道一声不妙。太阳毫不留情地将热量洒向大地，大地的余温不断炙烤着车厢。熊文清觉得自己像是烤架上的一条鱼，又干又热。热浪从车窗外扑面而来，闷热得让他几乎喘不过气来。但与这些乘客的生命相比，自己的难受又算得了什么呢？他一次又一次鼓舞自己："熊文清，快点，多救一个人，就是多挽救一个家庭！"

这时，人群中一个高亢的声音突然响起："年轻人，快出来！车子可能会爆炸！"在收费站工作、经常与车辆打交道的熊文清哪里不知道油箱泄漏意味着什么，也明白这是善意的提醒。他陷入两难的境地，如果不从车厢里出去，那么随时可能发生的爆炸必定威胁他的生命，而如果出去了，车里受伤的乘客就少了一分生的希望。危急之中，熊文清来不及细想，对车外围观的人们喊道："时间就是生命，要快！"

危急时刻方显英雄本色。熊文清不顾他人劝阻，在车厢里果断地展开救援行动。他观察到一位伤势较轻的乘客身上的座椅比较容易搬开，于是将其搬走后，帮助这位乘客挣脱卡压，随后将他抱起，送到车外的安全位置。救出了一位乘客，他意识到没有时间可以耽误了，大家必须迅速行动起来，于是呼喊着车外的人们："大家一起来，一定可以把所有人都救出来的！"外面的人听了他的话似是下定了决心，纷纷从后车窗挤了进来，和熊文清一起搬撬座椅，帮助受伤的乘客们解除卡在他们身上的重压。

自从退役后，熊文清没有再进行过举重训练，但此时相比于普通人，他仍旧展现出了自己的优势。在刚开始救援时，熊文清抱起受伤乘客无须花费太多力气。可铁人也需要休息，随着时间的推移，疲惫逐渐席卷他的全身，抱起乘客的动作也变得越来越吃力。到了后来，他甚至有些抱不动了，他咬着牙，竭尽全力，突破体能的极限，没有在中途放弃救援。熊文清事后回忆时，深刻地感受到，这次的救援行动比他过去经历的任何一次举重训练都要艰难。在平时训练中，感到疲惫或者力不从心时，可以选择停下来休息一会儿，调整状态再继续训练。但是在这种紧急的时刻，面对这些需要救助的乘客，停下脚步去休息的想法会让他愧疚不已、良心难安。

车祸无法遏制希望的力量，困难挡不了前进的步伐。看着车内人们的努力，越来越多的人被感染了，纷纷加入救援的队伍中，或是帮忙搬运座椅，或是把受伤的乘客抬出，或是拿着草帽为从车内救出来的受伤乘客遮阳扇风。随后，救援人员相继赶来，以更专业的方法开展救援工作。熊文清看到后，默默地将身体向侧面靠了靠，为专业人员让出更宽敞的位置来实施救援，并提醒车内的人们："大家注意一下！救援人员来了！别挡到他们的路！"

时间一分一秒地流逝，半个多小时过去了，获救的受伤乘客越来越多，已经躺在路边排成了一排。他们的脸上带着痛苦和无助的表情，让人心疼不已。随着救援的继续推进，熊文清发现，被遮盖的车子内部的情况更是让人揪心——车头已经严重凹陷，驾驶座和副驾驶座也被牢牢卡住了，驾驶员和导游被困在车内，无法动弹。也许是伤势过重，二人无法出声，只能用满含哀求的目光恳求熊文清。熊文清接收到二人求助的信号，感受到他们身上传来的无奈与绝望的气息，几乎用尽了身上的最后一点力气，发出了一声大吼："哈！"随着怒吼，熊文清紧紧抓住卡住导游上半身的座椅，硬是将其扳断了。这一刻，时间仿佛凝固了，周围的一切都变得静止了。他甚至能听到自己的心跳声，感受到血液在体内沸腾，每一滴落在地面的汗水都在诉说着它的主人的坚定和勇敢。

座椅断裂后，熊文清试着将导游抱起，却不行。俯身观察后，才发现导游的腿脚被一个钢管紧紧地卡住了，血液透过深色的布料，粘在皮肤上。熊文清清楚地知道即便自己力气比较大，也不一定能徒手掰断钢管，因而转身寻求救援人员的帮助。他们迅速赶来，拿起电锯割断了钢管，熊文清便在钢管割断的那一瞬，将已经瘫软的导游抱到车外。

"孤举者难起，众行者易趋。"在这场突如其来的车祸面前，人们不顾自己处于即将爆炸的事故现场，不顾伤者的血迹混合着汗水打湿身体，不顾逐渐透支的体力，团结一心，共同克服困难。凡人善举，最为动人。每个人都在尽自己的一份力量，无论是救援人员还是普通民众，都在为了拯救更多的生命而不懈努力。能够保持些许清醒的伤者，都眼含热泪感激地注视着每个帮助过他们的人，颤抖着说着一声声"谢谢"。在绝望中看到生的希望，感动之情会沁入人们的心，陌生人不顾安危拯救自己生命时，更是让人感动。这些受伤的乘客在救援者将他们抱起时，将身体尽量紧靠救援者，用胳膊环住施救者的后背，这是他们唯一可以帮到这些善良的人们的事情。在这样善意的双向奔赴中，每个平凡的普通人如微小的星辰，无畏地释放着自己的光芒，交织成灿烂的星河。

　　随着急救车"呜呜呜"的声音渐行渐远，最后一名伤者也被送往医院，支撑熊文清长时间救援的精神支柱不在了。他长吐一口浊气，全身的力气好像被瞬间抽干，踉跄着走到一个相对隐蔽的地方。观察到四周鲜少有人，熊文清再也无法坚持，不顾地上的泥土和细小的石子，躺了下去。他伸出右手搭在脑袋上，随后向下滑到胸口，心脏尚未从惨烈的事故和紧急的救援中缓过来，仍在剧烈地跳动着。他疲惫得不想说一句话，身体仿佛被无形的锁链束缚着，劳累与疼痛被压制，透入骨髓，无处宣泄，弥漫到全身各处，简单的思考都是煎熬。即使眼下身心俱疲，满足仍迫不及待地填满了他怦怦跳动的心，他的心柔软得像末世的最后一片净土，外面是燃烧的火焰和焦黑的树木，里面是潺潺溪水，岁月静好，庇护着受难的人们。他已经做到能做的一切，真正实现了为人民服务，帮助了那些需要帮助的人。

　　稍做休整后，熊文清从地上站了起来，拍拍身上的灰，挥一挥衣袖，在宝石一样湛蓝的天空下，悄悄地离开了。他不想打扰这些刚刚经历过生死考验的受伤乘客，也不想打扰那些正在忙碌于救援的人。熊文清只是一个小小的个体，一个普通的高速公路收费员，他知道自己的存在并不能改变什么，不能扭转时空，不能让伤者马上恢复健康，但是能为人们带来一些安慰和希望，他便足够无愧于心了。于是，全身被汗水浸湿，满是疲倦与狼狈的熊文清，挂着满足的笑，骑上摩托车继续驶向南昌市内，只留给麻丘镇一个慢慢变小的背影。

　　在亲眼见证车祸现场后，驾驶摩托车的熊文清也有些后怕，但这丝毫没有阻挡住他的脚步。在前往姐姐家的路上，他觉得自己的臂膀酸痛却不失灵活有力，对摩托车的掌控也更游刃有余，于是他轻踩油门，加快了速度。看着太阳西沉，熊文清害怕母亲等得着急，想给她打电话。当熊文清把车停在路边，摸摸裤兜，想要掏出手机时，却发现手机不见了。他这才想起自己的手机被一位轻伤乘客借去给家里打电话报平安了，他笑笑自己的记性，救人救到最后，把手机给忘了。熊文清也不再想手机的事情，抿抿双唇，加快速度，不想让母亲和家中的父亲等太久。

心怀大爱的时代追光者

"砰砰砰"的声音在南昌市内一个普通人家的门口响起，一对母女匆忙打开门，满身是血的青年站在门外，着实把她们吓得不轻。

"弟弟，你怎么了？""儿子，怎么回事？"两道关切又焦急，甚至带有隐隐哭腔的声音响起。随后这对母女便将青年拉进屋内，青年还没来得及解释，母亲和姐姐便将他上上下下、仔仔细细地检查一番，衣服虽是沾满血迹却也是完完整整，没有打架斗殴的痕迹……看到没有明显的伤口，意识到青年身上的血迹不是他自己的，她们松了一口气。

"文清，到底怎么了？发生什么事了？"母亲关切的声音再次响起。没错，熊文清终于赶到了姐姐家，打算接母亲回去。母亲一再追问到底发生了什么，熊文清决定长话短说，便简单地回答道："放心吧，儿子今天做好事了。"他实在太累，又怕母亲担心，也明白这个事情太长，这样简单一句她们根本听不明白，但他不想过多解释。在姐姐家里简单地洗了一下脸，想到父亲可能一直在家里等待母亲，自己身上也有些脏，便没再停留，扶着母亲坐上摩托车后座，自己随后跨上车，挥手与姐姐说再见："姐，我们走了，有空多回家！"

回家的路上，母亲仍不断询问熊文清发生了什么事，但是他调皮极了，笑而不语，就是不告诉母亲真相。母亲被他逗笑了，佯装生气，轻轻地拧了拧他身侧的肉，笑道："你这孩子，什么事情整得这么神神秘秘的。"熊文清轻笑一下，而后难掩骄傲地说："妈，以后您总会知道的。"母亲见也问不出什么所以然，便转移话题，与熊文清聊起收费站的工作和一些家长里短。两人你一言我一语，欢声笑语不绝于耳。终于，在太阳的最后一抹余晖消散在天际时，熊文清和母亲回到了家里。

熊文清和母亲一回到家，一股饭香便扑鼻而来，父亲从厨房里出来，手里的饭勺还没来得及放下，儿子布满全身的血迹刺痛了他的眼。父亲刚要发问，一阵铃声传来，他跑到屋子里接了电话。之后，父亲从房中跑出来，自豪又担心地问熊文清："儿子，你下午干什么事情了？电话那头的女士让你去拿手机，还一直说谢谢。"熊文清马上意识到这个电话是向他借手机的轻伤乘客打来的，这才借此机会把救人的事情详细地告诉了父母。

母亲听着他的讲述，泪水逐渐模糊了她的视线，随后紧紧抱住熊文清，说："儿子，你真是我们的骄傲！"父亲张开双臂，抱住妻子和儿子，自豪地大笑，"不愧是我儿子！"熊文清觉得那一刻自己的心里百花齐放，幸福和满足消除了所有的疲惫。帮助他人，成为父母的骄傲，让他感到快乐与欣慰。身上的血迹与疲惫，此刻更像他加冕的勋章，在诉说着他的英勇与无私。喜悦过后，父母开始意识到当时情况的凶险，不由得为熊文清后怕，心中充满担忧，熊文清不断安慰和解释，终于让父母放下心来。

2006年7月12日，熊文清按照向他借手机的乘客凌女士提供的详细地址，前往她的家中取回手机。

当他推开门的那一刻，被眼前的场景惊到——凌女士的父母和亲友们全部坐在客厅，看到熊文清到来后，立刻起身，将他团团围住，热情地招呼他。他们紧紧握住熊文清的手，眼里满是感激与敬佩之情，诚恳地诉说对熊文清无私帮助的感动。熊文清被他们浓烈的感谢深深感染，一种前所未有的温暖拂过他的全身。

不多时，凌女士的父亲从口袋里拿出早已准备好的一沓百元钞票，套在信封里，坚决要熊文清收下。熊文清被这突如其来的盛情震惊，一时间有些不知所措，呆愣着没有行动。片刻后，熊文清反应过来，诚恳地说道："这不过是举手之劳，不用这么客气。"凌女士的家人仍在劝他收下，他尴尬地笑了笑。熊文清原本打算询问一下车祸后续和其他伤员的情况，但现在，他顾不得其他，接过了手机，匆匆忙忙"逃"出了凌女士的家。他感到有些尴尬，这些钞票是家属对熊文清不顾危险伸出援手的回报，可是他原本便是出于善良和同情才挺身而出的，不是为了名利和金钱，也从未想过会以此得到回报。

与此同时，身受重伤的龚海燕正在寻找自己的救命恩人。她便是熊文清救出的导游。

"姑娘，醒一醒，不要睡觉，保持清醒，我一定会……"男人的话语逐渐模糊不清，龚海燕只觉得眼皮格外沉重，重到她睁不开来，她能感觉到男人的焦急，感觉到身体撕裂般的疼痛，忽然之间，这种感觉莫名其妙消失了。一个"陌生"的女人不停地呼喊着："海燕，你快点醒一醒，不要吓我！"龚海燕终于缓缓睁开了眼睛，但是周围雪白的环境和身边看着自己的女人，都让她感到无比陌生和恐慌，她惊呼着："你是谁？为什么要这样看着我？好端端的我为什么会出现在医院？"还有一句疑问，龚海燕没有第一时间问出口，是关于梦中那个面目不清的陌生男人。这到底是怎么回事？

龚海燕的母亲整日陪伴在病床边，对着病床上紧闭双眼的女儿泪流不止。幸运的是，龚海燕终于苏醒了，但让母亲难以置信的是，女儿竟然忘记了自己是谁。"你是谁？你怎么会在这里？我为什么会躺在病床上？"龚海燕抱着头，痛苦地再次追问。母亲一遍遍地强调她是自己的女儿，可浮现在她脸上的却依旧是戒备。

在沟通无果之下，母亲请来了医生。医生接下来的话语，再次给龚海燕的母亲带来了沉重的打击。医生同情又无奈地说："鉴于你女儿的这种情况，她很有可能是因为创伤应激而出现了短暂性失忆，失忆的持续时间会因患者的自身情况而有所不同，你们要做好长期应对的心理准备。"

听完医生的话，龚海燕的母亲虽是难以接受，但是身为母亲的她只能选择义无反顾、尽心竭力地照顾着女儿。终于，在龚海燕身体状况好转的同时，失去的记忆也逐渐浮现在脑海，她认出了自己的母亲。经历过死亡绝望的她像年幼的孩子一样在母亲温暖的怀抱中痛哭。只要父母健在，不论儿女年龄多大，在父母的眼中，都是没有长大的孩子，母亲的怀抱永远会是受伤之后最渴慕的温暖，父亲不善言辞的默默付出也是每个孩子勇往直前的勇气。

在母亲的怀中，龚海燕第一次说出了自己梦境中反复出现的陌生男子，她很清楚地知道这位陌生的男子是自己的救命恩人，龚海燕想找到他当面表达自己的感谢之情。

龚海燕搜寻着记忆，带着不确定的语气说道："妈妈，他应该不是救援队的消防救援人员，因为我朦朦胧胧看到他没有穿着制服，而是普普通通的常人打扮。你和爸爸能不能帮我打听一下，是否有附近的村民参加了救援？"

她的母亲也很想向这位救命恩人表达感谢，于是便和龚海燕的父亲一起整理了所有关于事故的报道，将其一一摆在女儿面前。"是不是这个？"龚海燕的父亲指着出现在报道中的一位便装男子说。龚海燕看了一眼，就摇头否认了。父母温柔地安慰她："没关系的，还有这么多照片呢，不着急，我们慢慢找，现在最重要的是你的身体，不可操之过急。"

可是在将所有的照片都看了个遍之后，龚海燕依旧没有找到自己的救命恩人，父母开始对这个男子是否真的存在产生了疑惑，就连龚海燕本人也不禁猜测救命恩人只是自己意识涣散之时臆想的人物。但是这种感觉却是如此真实，虽然她不记得男子的样子，但是她还是不愿意就此放弃。

思虑再三之后，龚海燕还是拨通了《南昌晚报》记者的电话，接听电话的是一位名叫小毅的采编部记者，龚海燕礼貌地朗声道："你好，我叫龚海燕，是7月9日发生事故的大巴车上的导游，我想请您帮我寻找一下救命恩人，我很确定他比救援队早一步到达现场，能不能麻烦您帮我发布一则寻人启事，我想找到他，向他当面表达自己的感谢。"

小毅在事故现场见到过龚海燕，那时的她被两名医护人员用担架抬着，伤势很严重。于是，小毅立刻回答说："龚女士，您好！我是小毅。事故发生后不久我们也抵达了现场，但是在场的救援人员只有武警官兵和消防队员，并未见到您口中的那位神秘人士，我很乐意帮助您，但是您能给我们提供一些关于他更为准确的信息吗？"龚海燕轻声说了一句不能，并且说明了这位男子只是反复出现在自己梦中的一个模糊影像。闻听此言，小毅很是为难，但是为了不错过任何一点可能，他还是询问了当时参与救援的武警和消防人员。

救援中队长的一句话让小毅立即下定决心帮助龚海燕寻找救命恩人。"事故发生得很突然，但是赶至现场的时候我们都有些吃惊，因为受伤的乘客大部分已经转移到安全的区域，我们也在想是不是有人提前进行了救援。"听完中队长的话，小毅确定了龚海燕提及的那个消失不见的神秘男子真的存在。

神秘男子的存在既然是不争的事实，那么就一定有线索。为了找到这位见义勇为的好人，《南昌晚报》很快就在头版位置刊登了寻人启事。而借用熊文清手机的乘客也第一时间叩响了报社的门，讲述了自己借他手机给家里人报平安的事。在通信部门的帮助之下，熊文清神秘的面纱终于揭开，龚海燕也圆了亲口对恩人说声"谢谢"的愿望。

2006年10月11日，熊文清再次来到了那片曾经发生过惨剧的土地。他惊讶地发现，地上还残留着一些无法冲掉的血迹，足以说明当时事故的惨重。他也是事后才得知，当时大客车上的39人全部受伤，其中27人是被他从车厢里抱出来的。因为救护及时，39位伤员全部获救，包括腿被压断的司机和头部、腿部均受重伤的导游。

站在那条仍然残留着碎玻璃和断电线杆的水沟旁，他仿佛又回到了那个让人心惊胆战的下午。面对一群聚精会神、拿着"长枪短炮"的记者，他努力地回忆起当时的情景，试图将那幅令人毛骨悚然的画面再次呈现在所有人的面前。尽管时间已经过去了三个月之久，但每当回想起那一刻和那个场面，他的心仍然会被焦急和死亡的威胁所笼罩，他的身体仍然会再次因为恐惧而僵硬。

"当时我真的什么也没想，就想到要救人。"他向记者们坦率地说道。是啊，对生命的敬畏和对社会责任的担当，在生死攸关的一刹那战胜了恐惧，他的脑海里只有一个念头——尽快将那些陷入险境的人们从危险中解救出来。他设想过，倘若那天他见死不救，那么他可能会一辈子都无法摆脱内心的愧疚和自责。

因此，当面对那种情况时，他没有丝毫犹豫，没有任何退缩地投身救援行动中。然而，正是当时勇敢的举动，让他在事后的日子里时常感到心有余悸。车祸惨烈的现场，以及时刻都要面对的死亡威胁，变成难以愈合的创伤，化成一道道利刃精准地刺向熊文清的心。在夜深人静时，那些恐怖的画面总会在他的脑海中浮现，让他彻夜难眠。"这是我内心深处对生命的敬畏和对人性善良的信仰在影响着我。"这是熊文清在难以入睡时，进行自我剖析得到的结论。但他也明白，这种信念也是他在面对困难和危险时挺身而出的精神支柱，让他变得更加坚定、勇敢。

如今，熊文清再次站在这片土地上，他已经学会如何面对那段痛苦的回忆。通过记者采访，他将这种应对创伤的办法转告给更多的人："生活总是充满了挑战和未知，但只要我们始终坚守善良和勇敢的信念，我们就能在风雨中茁壮成长，成为更好的自己。而对于那些曾经发生在这里的悲剧，我们要将它们化作前行的动力，继续努力地为这个世界带来更多的光明和希望。"

成名压力大

这次车祸事件影响深远，熊文清的先进事迹与高尚品格经新闻媒体宣传报道后，在全社会引起了强烈反响。救人之后悄然离去，不图回报，不求名利，甘当无名英雄，熊文清以自己的果敢坚毅奏响一曲构建社会主义和谐社会的乐章。平凡岗位，立足本职，自强不息，谦虚好学，熊文清展示出广大青年职工的时代风采，彰显了新时期青年职工的理想追求和精神风貌。

2006年8月18日，江西省交通厅党委作出了《关于开展向熊文清同志学习的决定》，号召全系统广大职工向熊文清同志学习。随后，在8月25日，熊文清被授予总公司"雷锋式好青年"称号。

2006年10月18日，"熊文清同志先进事迹报告暨表彰大会"在南昌召开。此次报告会由江西省委宣传部、江西省总工会、共青团江西省委、江西省交通厅联合举办，旨在深入宣传熊文清的先进事迹，激励全省广大干部职工向熊文清学习。会上，熊文清被授予了"模范青年职工"称号。

表彰大会上，800余人身着正装，齐聚宽敞明亮的报告厅。9时许，在全场观众的热烈欢迎声中，熊文清等4位代表团成员步入会场。熊文清是江西公路开发总公司的骄傲，大家都将钦佩的目光投向他。熊文清穿着熨烫得笔挺的正装，衬得他本就挺拔的身姿更显精气神，头发理得一丝不苟，红色的绶带斜挎在他的肩上。他谦虚地俯下身鞠躬，接过交通职工代表的献花。在这里，熊文清不仅是总公司培养出来的一名优秀青年员工，还是江西省交通系统继"人民的好司机"晏军生、"雷锋式的渡工"余国华、"见义勇为的青年"张春之后的又一个全省先进典型，更是新时期千千万万青年职工的杰出代表，彰显出江西在弘扬社会正气、宣传先进典型方面迈出了新的步伐。

随后，熊文清、梨温高速公路公司党委副书记陈立新以及被救伤员代表（包括受伤导游龚海燕）、梨温高速公路公司职员邓丽等报告团成员，用质朴的语言和真挚的情感，分别从不同角度讲述了熊文清的先进事迹和崇高品德，将一位普通职工的光辉形象刻画在人们眼前，感人肺腑、发人深省，使在场的听众忍不住落泪，会场不时响起阵阵掌声。

大会号召全省广大干部职工以熊文清为榜样，向他学习，热爱本职工作，脚踏实地，为实现江西在中部地区崛起，为建设社会主义和谐社会作出新的更大的贡献。2006年11月，熊文清在全省11个城市进行了个人先进事迹巡回报告，得到了热烈反响和好评。一时间他备受人们瞩目，令人敬佩。

而后，同年11月5日，公安部、全国总工会等国家六部委和中央电视台联合授予熊文清"2006年《中国骄傲》英雄人物"称号，熊文清因此受到全国人民的广泛关注，他的形象瞬间由一名普通的公路管理人员变成了"明星"，成为全国关注的焦点和学习的楷模。在央视的舞台上，熊文清深情地向所有关注他的人讲述了他的故事。想起那惊心动魄的时刻，熊文清坚定地说："是那些求救者的眼神给了我力量，让我在生死关头一口气从车祸现场救下了27人。"他从五星垦殖场出发，跨越江西的山河大地，越陌度阡，风尘仆仆走了好久的路，终于来到全国人民的面前，站上了更大的舞台。

当记者问到为何他的行为会得到如此大的关注时，熊文清只是微微摇摇头，再三强调道："我其实只是一个普通人，只是做了普通人该做的事而已。"熊文清是高速公路收费站的一个普通员工，他认真负责，踏实肯干，做事靠谱。全国上下有无数个像他一样为人民服务的人，他们都奋斗在建设祖国的最前线，是不可缺少的枢纽，贯通建设事业的整个过程，他们有美好而高尚的品格，一辈子守着自己的岗位兢兢业业，当遇到别人有困难时也会挺身而出。只是因为熊文清是在生死关头的瞬间救人，这种特殊的情境让他的行为显得与众不同，也使他成为"焦点"。周围的记者们都敬佩地点点头，即使在事后知道车辆不会爆炸，也不见得每个人都能够做到这么无私，不顾自身安危，挺身而出，拯救与自己毫无关系的陌生人。

熊文清与另外来自全国各地的平民英雄成功入围《中国骄傲》候选名单。经过新浪网网民投票以及评审团综合评价，熊文清获得了国务院应急办、公安部、国家安全监管总局、中华全国总工会、共青团、妇联等六部委和中央电视台联合授予的"2006年度《中国骄傲》英雄人物"称号，并参加了11月5日晚中央电视

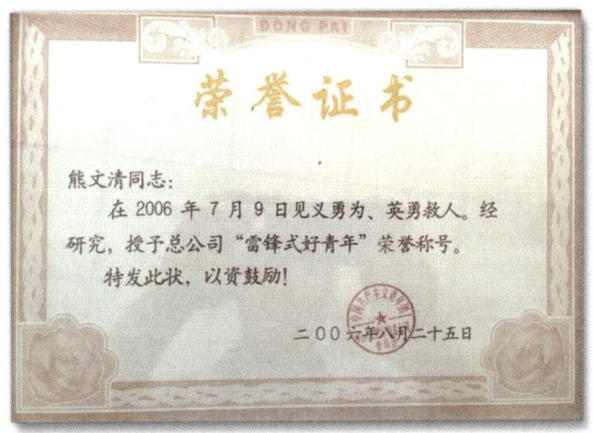

⊙ 上图 2006年，熊文清被授予江西公路开发总公司"雷锋式好青年"荣誉称号

⊙ 下图 2006年，熊文清参加先进事迹巡回报告会

台举行的颁奖仪式。

每个人都有可能成为"中国骄傲"，或是在关键时刻挺身而出，勇于承担责任，展现出人性的光辉，成为他人眼中的英雄；或是在无人问津的日子里，提升自我。每个普通人都是不一样的烟火，不必复制别人的路线，不必把所有期待投注到等待一个扬名的机会，在人生的旷野上狂奔，在自己的轨道上滑行，而后绽放出最美好的自己，便是"中国骄傲"。

回到江西后，熊文清兴奋地对中国江西新闻网记者说："我学习到了很多，也认识了很多的英雄，其他的候选人才是真正的英雄，他们的事迹都让我很感动。与他们相比，我深感自己的渺小。"这些候选人的事迹让熊文清不禁潸然泪下，在火灾中将呼吸面罩让给被困者的公安消防战士李晓辉；山洪肆虐时，救醒全村人，自己却淹没在洪流中的妇女主任陈淑秀；面对被困在洪水中的群众，不假思索跃入水中，用生命挽救他人的公安消防大队教导员黄钦华……有的候选者用生命奏出人性赞歌，自己却永远地躺在殒身之处。

这些"中国骄傲"以济世救人的责任感，用矢志不渝的勇气，怀着质朴之心，奏响了英雄乐章，绵延不绝，时至今日，仍有涛声阵阵。也是他们，时刻秉持着一颗为人民服务的心，在危急时刻，将自己的生命奉献给人民。走在祖国伟大事业建设的路上，听着远方传来的来自未来国富民强的奏乐，他们怀着胸腔中跳动的矢志不渝的心，脚步轻快地前行。

熊文清表示自己现在算不上真正的"中国骄傲"，但他坚定地说："以后我将继续努力为人民服务，为祖国争光，努力使自己成为真正的'中国骄傲'。"这次获奖，是对他厚积薄发的肯定，是莫大的荣誉，同时也赋予他更多的责任。背负着沉甸甸的荣誉继续赶路，这条路没有退路，路的尽头是他为之奋斗的标杆在闪耀，熊文清埋头向前走，只愿不负国家不负人民。

同年11月8日，熊文清等10人被中华见义勇为基金会评为第三届"全国十大见义勇为好司机"。2007年，熊文清参加江西省道德楷模表彰大会，继续传播临危救人的动人故事。2008年，熊文清更是光荣地成为北京奥运会火炬手。此外，熊文清的事迹还被中华书局纳入"当代中国著名人物美德故事"丛书，作为全国中小学生道德素质教育的辅助教材，成为广大青少年学习的榜样，进而激发人们对英雄精神的学习与弘扬，激励他们继续谱写新时代的英雄之歌。熊文清救人精神是影响深远、意义重大的，2018年，他去看望龚全珍老人时，龚全珍得知熊文清的救人事迹后，对他赞赏不已，并赠书题字。

回忆往昔，熊文清也曾因为举重运动获得过别人的关注。这种关注局限于体育界，是他凭借自己强健的体魄和顽强的毅力，以及年复一年的训练达到的。作为一名运动员获得人们的掌声，他是骄傲的，是受之无愧的。而在获得社会给予他如此多的荣誉后，熊文清内心承受着巨大的压力。这些荣誉是对他舍己救人和不怕牺牲的肯定，但他一直认为自己只是尽了一点微薄之力，做了一些他应该做的事情。他的父辈也是如此，没有人将帮助别人的恩情时刻挂在嘴上，都是谁家有困难，便尽自己所能去帮一下，来来往往，不去记谁帮得多、谁帮得少，不想把这种爱分得太清。见面时，彼此相视一笑，就让爱流动在鲤鱼洲的朗朗天光下，弥散在五星垦殖场带着麦香的微风里。

成名压力大。面对这么多的荣誉，熊文清不禁感到受宠若惊。在五星垦殖场里，大家习以为常的互相帮助，在他身上却被无限放大，并被宣传到全国各地，成为人们学习的典范。熊文清想到五星垦殖场里有数不清的人，在开荒垦殖中早出晚归、披星戴月，用智慧书写垦殖场的新篇；在生活中，和睦邻里、互相帮助，将爱洒满整片土地。他们默默无闻地为祖国的垦殖事业奉献了一生，任由农具磨糙他们的手掌，风霜打湿他们的眉梢，从一段风华正茂的年轻岁月，到垂垂老矣的耄耋时光，初心不改。他们不图名利，也没有名利可图。熊文清眼眶有些湿润，任由风沙进入眼眸，他擦擦泪水，无语凝噎。

有压力就有动力。成为配得上这些荣誉的人是熊文清在心中默默立下的誓言，他改变原有的职业规划，想要从自身做起，将无私奉献、踏实肯干、不怕牺牲的精神发扬到整个公司。

⊙ 2007年，熊文清参加江西省首届道德楷模表彰大会

⊙ 2008年，熊文清担任北京奥运会火炬手

⊙ 2008年，熊文清（右）在瑞金进行北京奥运会火炬传递

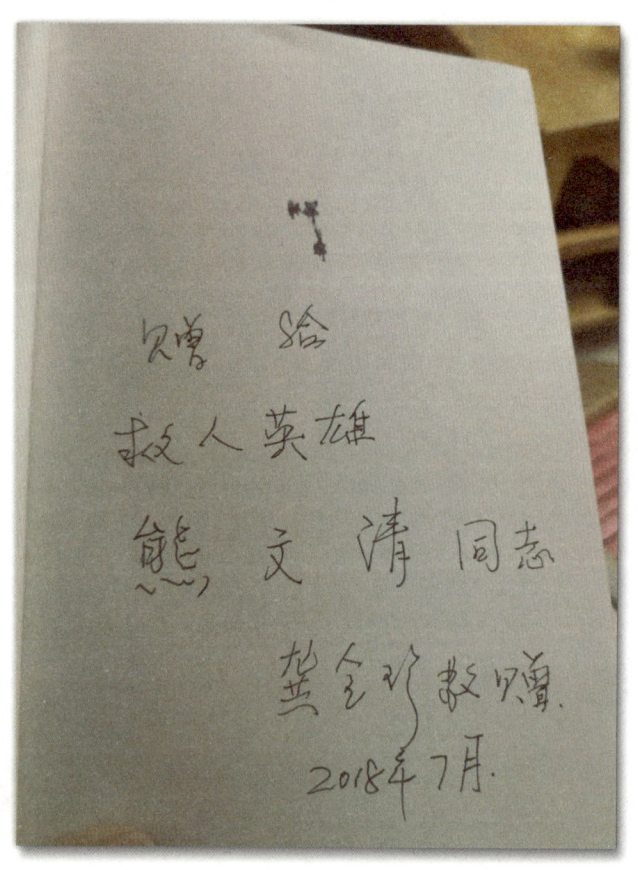

⊙ 2018年，熊文清看望龚全珍时，龚全珍听说熊文清的事迹后赠书题字

第四章　改革进行时

扫码解锁

◎群英颂歌◎赤忱之心
◎业务精进◎奋斗底色

熊文清班组

"新故相推，日生不滞。"

斗转星移，四季更替，收费站窗外是不断更迭的百景图，窗内是熊文清年年岁岁、日复一日努力提升自己专业技能和综合素质的身影。他在日常工作中的出色表现，赢得了上级领导的高度认可，因此，他被任命为玉山收费站副站长。

2007年4月，梨温高速公路公司党委决定成立"熊文清班组"，由熊文清任班长，通过以点带面的方式把"熊文清精神"传承下去，从而为收费站服务工作提质增效。熊文清这种无私奉献、敢为人先的精神在不同领域、不同时代都能自我升华，充分发挥其作用。

黎明即起，荷月而归。这个职位对熊文清来说，不仅是一种荣誉，更是一种责任。面对艰巨的任务和上级领导的信任，熊文清深知自己肩上的担子，坚定地表示："作为班长，我需要管理好整个班组的工作，确保每个成员都能够在岗位上发挥出最大的效能。"

熊文清由一个普通员工到管理层，身份的巨大变化意味着他的工作内容也需要进行调整。往日里他只需要配合好同事，做好分内的事情。现在他不仅需要对班组的工作进行有效的监督和指导，以确保工作的顺利进行，还要带领班组成员共同提高工作效率。只有团队协作才能创造出更大的价值，熊文清积极引导班组成员，带领班组提高整体工作效率。此外，他还需要确保收费站的正常运营。收费站作为交通系统的重要组成部分，其运营状况关乎道路交通顺畅程度和服务质量，因此，熊文清必须全力保障。

千禧年后，科技发展日新月异，人民生活日益丰富，迎来了更美好的明天。随着人们的物质生活水平不断提高，车辆不断增多，高速公路收费站亟须转型来应对诸多挑战。在这样的背景下，成立"熊文清班组"是转型的良好契机，熊文清和同事们根据工作时遇到的问题进行归纳总结，进而明确班组的工作职责，从而全面提升收费站的各项服务功能。这包括但不限于优化收费流程、提升收费效率、改善收费环境，以及提高收费人员的服务质量。

查询过往的文件记录后，熊文清眉头紧锁，随后严肃地对班组内的成员说："我们的收费流程太复杂了，浪费时间，也浪费金钱。"同事们翻看熊文清放在桌子上的文件后，认同地点点头，整个班组便达成一个共同目标——解决收费流程冗杂的问题。优化收费流程是收费站改革的重要一环，熊文清带着班组人员开班组会，深入研究和分析现有的收费流程，找出其中存在的问题和不足，然后提出改进方案，以期达到更高效、更便捷的效果。

首先，快速通行预约服务是"熊文清班组"提出的重要改革措施之一。收费站内时常出现过往车辆等待时间过长的现象，严重影响人们的出行，"熊文清班组"联系技术人员，针对这一问题提供了预约通行的服务。驾驶员可以通过手机应用或其他方式提前预约，从而在到达收费站时快速通行。此外，收费站还提供地图导向服务。许多外地驾驶员在陌生的高速公路通行，会因为不熟悉路线等原因，在收费站内"滞留"，茫然无措。这时，收费站提供地图和导航服务，将有效帮助他们找到正确的方向。

其次，提升收费效率成为下一阶段班组关注的重点。为解决这一问题，熊文清查询大量资料，发现许多收费站已经配备更为先进的设备和技术，能够简化收费流程，提高收费的速度和准确性，进而减少驾驶员的等待时间，提高他们对收费站工作的满意度。他所在班组通过向上级和总公司提出建议，成功引入先进的收费设备和技术，全面提升了江西高速公路收费系统的整体性能和工作效率。

此外，改善收费环境也是"熊文清班组"工作的一部分。"熊文清班组"发现许多驾驶员经过长途跋涉后，需要一个可以休息的地方，来解决如厕等生理需要，并调整状态，而后才能更好地继续行程。尤其是在阴冷的冬天，许多驾驶员哆哆嗦嗦地开车，到了收费站后发现环境差，也只能继续向前行驶，找到服务区才能好好休息。熊文清班组努力创建一个舒适、整洁、有序的收费环境，让驾驶员在等待收费的过程中感到舒适和愉快。

"收费站不仅是一个简单的收费点，它更是一个为司机和旅客提供服务的站点。"熊文清向记者详细解释。自从"熊文清班组"成立以后，收费站的服务不断进行改进升级，变得越来越便民利民。收费站不仅提供常规的收费服务，还提供其他便利设施和服务。桌子上时刻准备着免费的饮用水，药箱里精心准备了各种药品，如中暑药、晕车药等，这些药品都是免费提供给需要帮助的司机和旅客的，以更好地应对突发的健康问题。考虑到驾驶员和乘客可能长时间在路上，收费站还贴心地提供了24小时开放的洗手间。此外，收费站还为驾驶员和乘客提供免费的手机充电服务。工作人员也得到更为深入的培训，更好地与驾驶员和乘客交流，营造了和谐的交通环境。

"熊文清班组"实施的改革措施迅速见效，一些过往的司机甚至会特意把车停在附近，到收费站来歇歇脚，喝杯热茶。他们在这里不仅可以得到免费的药品和咨询服务，还可以感受到一种宾至如归的温馨和舒适。看着收费站越变越好，熊文清幸福地说："只要看到别人因为我们的服务而感到快乐，我就能得到更大的快乐。"虽然他们的工作看起来可能有些枯燥和单调，但是只要用心去做，就一定能够让这份工作变得愉快。这样的服务不仅让司机和旅客感到方便和舒适，也让他们感受到了人与人之间的温暖和关爱，这是做好收费工作之外更大的意义。

熊文清自豪地说道："'熊文清班组'是江西交通系统的一面旗帜，我们要将这面旗帜举得更高。"2009年3月，"熊文清班组"还在全省高速公路首创双语服务，班组成员已全部通过英语测试。担任班长的熊文清，带领班组成员以爱岗敬业、无私奉献

⊙ 2018年，熊文清（最后排左二）参加"传承红色基因　弘扬革命精神"
　　主题活动合影

⊙ 2022年，梨温高速公路公司组织春运联勤联动会

的态度，不断创新方法，为司乘人员提供优质文明的服务。高速公路通车里程从2002年底的不到1000公里到2009年的2433公里，玉山收费站年收费额从刚开通时的3亿余元到2009年的11亿余元……亲眼见证了江西省经济及交通事业的迅猛发展，熊文清感受到一团火燃烧在胸膛——一定要加倍努力，为江西发展作出新贡献。

真情在人间

"落日熔金，暮云合璧。"这是2008年的一个黄昏，是白天与黑夜独有的暧昧时刻。

瑰丽的落日随着天色渐晚，缓缓隐没在玉山收费站的层层山林后，留下绚丽夺目的殷红画卷。一位货车司机焦急地将车辆停在玉山收费站的收费车道上，时不时看向手机，一脸无奈与沮丧，反复恳求收费人员："行行好吧，我的钱都丢了，没办法交钱。能让我先过去吗，我家里有急事，我回头一定把钱补上。"收费人员从来没有处理过这样的情况，只好打电话向上级询问解决方案。

这时，熊文清手里提着为同事准备好的饭，从岗亭外走来。在远处他就听到里面的声音，并注意到货车司机的无助神情。熊文清不假思索地在口袋里摸了摸，拿出了200元钱，径直递给那位司机，轻轻地拍拍司机的手，安慰道："这个钱你先用着，赶紧去忙你的事情吧。"司机感动又惊诧地看着向他施以援手的人，声音有些颤抖，向熊文清深深鞠了一躬，不住地道谢。熊文清向司机摆摆手，催促道："快去吧。"

在熊文清借给司机钱后，司机顺利地交付了通行费，随后感激地回头对熊文清挥手，将他的身影深深记在心中，便开车继续赶路回家。看着司机驾车离去的背影，熊文清心中充满了温暖和满足。小小的善举，能给被帮助者无限的希望。这位司机赶路时不慎丢失钱财，倘若没有熊文清的帮助，那么他可能会耽误回家的时间，可能要绝望地等待工作人员去询问一个不确定的解决方案。熊文清的一个小小善举，给予了那位司机一丝希望和安慰，让他感受到了社会的温暖和关怀。

在场的同事们感到十分惊讶，纷纷围了过来。他们好奇地问熊文清："这位司机与你非亲非故，为什么要帮他？而且这钱人家还不一定会还给你呢！"面对众人的质疑，熊文清淡定地说道："出门在外，每个人都有碰到困难的时候，帮助别人就等于帮助自己，没关系的。"

同事们诧异的目光将熊文清紧紧包裹，那一瞬间，熊文清感受到大家对他的行为的不理解。在一些人的价值观里，帮助别人可能是有所图谋，希望别人能够回报自己。熊文清的行为明显不是出于这个原因，于他而言，帮助他人并不需要理由，也不需要回报。或许有的人无法理解他的善良和无私，然而在这个世界上，每个人都可能成为他人的依靠和支持，彼此之间的善意互助，正是构建和谐社会的重要基石。

"行善积德，福泽绵长。"熊文清真诚地对同事们说："真正的善良和勇敢并不是盲目地追求安全和利益，而是在面对困难和挑战时，敢于挺身而出，伸出援手。"帮助陌生人是一种冒险行为，可能会带来风险和损失，对自身不利，但人们的善举或许会在某个不经意的时刻得到回报。比这更重要的是，当通过自己的善行传递出温暖与关爱，让这个世界变得更加美好的同时，满足与幸福必定充盈人们的心田，这会比物质回报更为长久地滋养人心。

"爱出者爱返，福往者福来。"纷繁复杂的世界里，人们往往因为忙碌和疲惫而忽略了身边需要帮助的人。主动关心一个人，用一颗宽容和善良的心去倾听、理解和支持他的需求，用一个温暖的怀抱去承接他的泪水，便会发现，每一个微小的帮助都能为他人带来巨大的改变和希望，好比随手赠人一枝芬芳的玫瑰，即使微不足道，却能够弥漫升腾到赠花之人和收花之人的心中。世上的人是相互交错的经纬线，兜兜转转，最终相遇在爱里。因此，无论遇到什么样的困境和挑战，熊文清都会坚定地选择帮助他人，保持一颗善良之心，用行动作为人与人之间最真挚的情感纽带。

于是乎，夜风遁去的回声，反复在暗处荡漾几次后，渐渐归于平静，唯有真情满人间。

在江西冰冷刺骨的冬季，大地被厚厚的冰雪覆盖，天空中大雾弥漫，人们的视线模糊不清，这样的天气使得道路条件变得异常恶劣，不仅行车困难，还随时可能发生危险。在这样恶劣的天气条件下，高速道路被封闭，车辆无法正常通行。许多司机和乘客被困在路上，面临着寒冷和饥饿的双重考验。看到那么多人陷入困境，熊文清心里很不是滋味，于是选择主动帮忙，并鼓励同事们也行动起来，为这些被困在路上的人送去生活必需品。

熊文清带上手头所有现金，发挥自己的体能优势，顶着寒风，终于来到最近的超市。随后拜托超市的工作人员准备好水和面包，这两样物品是人们在寒冷和饥饿中最需要的东西。他将这些物品装进背包，然后一步一滑地前往人们被困的路段。当他到达那里时，高速公路上弥漫着绝望的气息。熊文清一来便看见人们喘着粗气，拿着不称手的工具，用尽全力试图清除堵塞前路的冰雪，却终究是徒劳无功。妇女儿童瑟缩在没开空调的车里，紧紧依偎在一起取暖，他们不敢浪费一滴汽油。

长时间的饥饿让困在高速公路上的人们眼里失去了光彩，熊文清再也不忍看见这一幕，快步向前，将背包中的食物分给他们。人们看到这像从天而降的食物，觉得一切都很不真实，像是童话故事里小女孩用火柴召唤出来的场景。不敢相信地揉揉眼睛后，便清晰看见一个穿着工作服的男人一刻不停地从背包里掏出食物，递给还在恍惚中的人们。他的到来，一扫萎靡的氛围，让处于寒冷和饥饿的人们看到了一丝希望。

有的人冷得双手颤抖，面包也差点掉在地上。熊文清眼疾手快，把面包接住，稳稳地放在他的手中，安抚着大家的情绪："快吃吧，先填饱肚子，我们再想办法出去。"人们不知道在这种冰天雪地的情况下，为什么还有人愿意过来帮助他们，感激又不解地询问他："小伙子，这里这么冷这么难走，你怎么找过来的呢？还带了这么多食物给我们，我们不知道该怎么感谢你。"熊文清看着人们吃了面包，喝了水，脸色终于有所好转后，便耐心地解释道："我是附近收费站的工作人员，听说有很多人困在这里，没有食物没有水，我就来了。"

于是，每年冬天的高速公路上都有熊文清忙碌的身影。远远看见身穿玉山收费站工作服的他，人们就像吃了一颗定心丸，等待着冲破暗夜的那束光拯救他们脱离困境。收费站的工作本就繁忙，熊文清却总是做这些常人眼里没有什么回报的事情。但他从来都觉得这只是微不足道的小事情，举手之劳便可以带给别人些许安慰，减轻人们的痛苦，何乐而不为呢？

在日常工作中，当过路司机遇到困难时，熊文清还积极提供车辆维修服务。说是维修服务，但这服务涵盖了多个方面，包括为汽车加注燃料、更换备用轮胎、为电动汽车充电以及在需要时移动车辆等人工操作，确保车辆的正常运行和驾驶者的安全。实惠的价格，优质的服务，熊文清的"维修部"让过往司机赞赏不已，美名远扬。

"善行如月，照破山河。"熊文清经常关注孤寡老人的生活状况，并主动为他们送去温暖和关怀，让他们感受到社会的温暖和关爱。

在每年的各类节假日里，熊文清总是放弃这些来之不易的休息时间，抽出空就会尽其所能地为那些独居的、没有亲人陪伴的老人们做一些实质性的事情。在本可以好好放松的假期里，熊文清带上老人们必备的生活用品上门，进屋后便开始劳作。他俯下身子亲手清洗他们的衣物，确保他们的穿着始终保持整洁和舒适。此外，他还边洗衣服边和老人们聊天，从老人们年轻时候的故事到他们儿女的经历，从历史故事到神话传说，熊文清耐心地倾听着，时不时附和一下，不打搅他们的兴致。

洗完衣服已经临近下午，熊文清决定烹饪自己的拿手好菜给他们品尝。老人们过意不去熊文清一人准备这么多菜，于是在他旁边打下手。洗菜、切菜、炒菜……一套流程下来，不多时，江西菜诱人的香味从厨房里飘出来。大家围坐在桌旁，节日的氛围感染了每个老人，辣椒把他们的脸熏得红彤彤的。美食不仅能够满足人们的口腹之欲，更能够让人们在心灵上得到满足和安慰。老人们对熊文清的手艺赞不绝口，心里暖融融的，想到这一天里他的陪伴与照顾，老人们十分舍不得他，感激地说："小伙子，谢谢你！"

窗明几净又空气清新的环境总是让人感到赏心悦目，身心畅快。熊文清在吃完饭后，还帮助他们打扫卫生，保持居住环境的清洁和舒适，不仅保证老人们的生活品质，还保证他们的身体健康和心情愉悦。老人们坐在他收拾整洁的沙发上，看着这个年轻又善良的小伙子忙前忙后，心中的感激之情又增添几分，年岁已高，无以为报，只能在心里默默祝福他未来一切顺遂。看遍人世冷暖，有人为名，装模作样；有人隐藏嫌弃，糊弄了事。相比之下，老人们对熊文清默默付出的行为感到难得且可贵，十分感动。

"天上每一颗闪耀的繁星，都是善良的人，投向尘世的是不灭的悲悯的目光。"熊文清把献血当作自己的义务，始终坚持每年两次献血，无论身处何地他都积极参与其中，为需要输血的患者提供宝贵的血液资源，将一生行善贯彻到底。熊文清这些年的献血总量累计已超过10000毫升，他不把这个当作一项殊荣，在他看来，这不过是他能为社会做出的一份微薄的贡献。遗憾的是，因为工作的需要，熊文清在其中几年里长期熬夜，这种不健康的生活方式严重影响着他的身体健康，使得他在一次体检中血液检测结果为不合格。为了确保交通的畅通，熊文清只好坚守本职工作，放弃献血的"次要工作"。熊文清知道血液对于生命的重要性，因此时刻没有忘记献血的事情，经过几年努力，他调养好身体，再次义不容辞地加入献血行列，为他人的生命保驾护航。

此外，熊文清还积极参与各种公益事业。

在得知江西玉山县六都乡官仓边村村民徐水林因家庭困难，上小学6年级的女儿徐丽娟辍学的情况后，熊文清立刻伸出了援助之手，向小女孩提供了经济支持，及时给徐丽娟送去了书包及学习用品，并捐款1000元，同时表示将资助徐丽娟继续读书。"我只是做了我自己应该做的事，我希望把这部分力所能及的钱财用在该用的地方，帮助贫困学生完成学业。"熊文清坚定地说。

他的善举不仅给了这个孩子一个继续学习的机会，也为其他

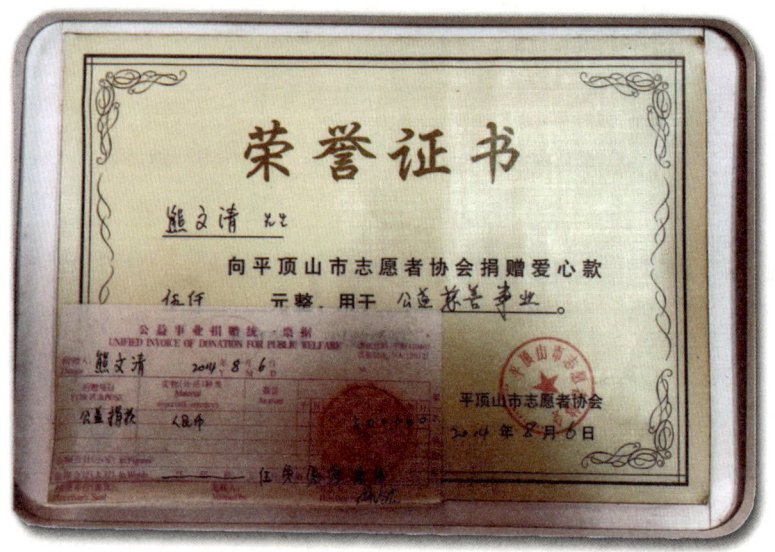

⊙ 2014年，平顶山志愿者协会授予熊文清捐款证书

⊙ 2008年，熊文清（第一排左二）参加瑞金新华希望小学募捐活动

面临类似困境的人带来了希望。2007年，熊文清为一个小孩提供了资助，这个小孩在得到帮助后，得以顺利地完成了学业。更令人欣慰的是，她如今已经从一所职业学校顺利毕业，成了一名专业的护士，在自己的岗位上奉献一份力量，回馈社会。

熊文清还经常参加灾区捐款活动，为受灾地区的人们提供力所能及的帮助。无论是自然灾害还是人为灾害，他总是毫不犹豫地伸出援手，不求回报，用实际行动传递着温暖和关爱。

类似的事例不胜枚举，熊文清的行为激励着更多的人加入公益事业。他用自己的力量改变着他人的命运，同时也让社会变得更加美好。他的善行不仅仅是为了帮助那些需要帮助的人，更是为了传递正能量，让更多人看到善良的力量。

创新收费模式

华灯点点，万家灯火。新春的钟声敲响，鞭炮齐鸣，神州大地沉浸在对新年的期盼中。熊文清驻守在收费站，听着外面此起彼伏的鞭炮声，他只能通过电话向父母表达心中的牵挂，他对父母说："今天儿子不能回去陪你们过年了，你们在家里要过得开心一点。"忍住深深的思念，他毅然挂断电话，继续投入工作中。

为了进一步提升自身的业务能力，熊文清做出一个让人意想不到的举动——主动向组织提出，在工作负荷最大的春运期间，重新回到一线收费站岗位工作。这是一个挑战，但他愿意接受这个挑战。人只有不断挑战自己的极限，突破舒适区，才能继续成长。局限在现状里让熊文清感到不安，他相信重回一线岗位会有助于他的个人成长和职业发展。

重回一线不仅锻炼了熊文清的能力，也帮助他重新理解曾经的初心与使命。当他回到收费岗位后，一个巨大的难题摆在他面前。他面临的是一种新的收费模式——计重收费，这种收费模式对他来说是全新的、从未接触过的。开始的时候，他感到有些不适应，经常手忙脚乱，挫败感十足。然而，他没有因此退缩，困难只会坚定他的决心。他利用休息时间，刻苦钻研有关政策法规，并深入理解其内涵，以便更好地掌握新的收费模式，在实际工作中更好地应用它们。同时，他也在工作中认真向经过专门培训且有经验的同事请教学习。"三人行，必有我师。"他知道，同事们的经验是他无法从书本上学到的，他们的建议和指导对他的帮助非常大。

熊文清的辛勤付出没有白费，他很快就在业务上取得了显著的成绩，成为一名业务骨干。春节是一年中最为繁忙的时节，此时的工作量是平时的5倍。为了让同事们能够有更多的时间回家与亲人团聚，他经常主动顶班替班，整个春节假期都没有休息过一天。在一个工作日里，他单单发卡的数量就达到了1400张。如此高效的业务能力，如此无私奉献和坚守岗位的精神，让同事们深受鼓舞，收费站内又掀起了学习熊文清的热潮。

为了提高自己的工作能力，熊文清重新回到收费岗位后，专心致志地研究工作技能，在小台灯下，他不时揉揉酸胀的双眼，写写画画，时而眉头紧锁，时而豁然开朗。终于，他凭借自己的努力和创新精神，先后推出了多项保畅通方案，为提高收费站的工作效率作出了重要贡献。

首先，熊文清对收费广场进行了渠化通行的改革。他利用声（大喇叭）、光（爆闪灯）和电（电子显示屏）等现代化手段，对广场车道进行渠化处理。这样一来，司机们在面对较大车流量时，能够有序通行，避免拥堵现象的发生。这一举措不仅提高了车辆的通行效率，还保障了道路交通的安全。而后，为响应上级部门把实施畅通工程作为提升优质服务水平突破口的号召，身为班长的熊文清组织班组成员，反复研究探讨如何提高各出口车道车辆的放行效率。熊文清提出了增加复式收费机的建议。通过增加复式收费机的数量，可以大大提高对车辆的放行速度。此外，他将原有的一条车道改造成了可同时处理多台车的复式车道，车辆在经过收费站时，不再需要排队等候。其创新的操作方法使车辆放行的平均时间由之前测算的12秒缩短至8秒，大幅提升了收费速度和车辆通行效率，得到过往司乘人员的一致好评。

2017年，熊文清被任命为江西高速公路投资集团南昌东管理中心南昌南管理处副处长兼江西高速公路投资集团南昌东管理中心南昌南收费站站长。不负组织的信任，他井井有条地规划着管理工作，承担起筹备、培训员工、协调各方、服务人民等职责，确保收费站的运营流程顺畅，使收费站成为江西偌大的交通系统稳定运行必不可少的一环。

伟大始于日复一日的平凡付出。熊文清通过钻研工作技能和提升工作能力，为收费站的保畅通工作作出了巨大贡献，为整个江西交通系统奉献自己的力量。

⊙ 2017年，熊文清在南昌南收费站运营前安装宣传横幅

第五章　追风不止

 扫码解锁

◉群英颂歌◉赤忱之心
◉业务精进◉奋斗底色

再度深造

2009年，熊文清走在中国劳动关系学院绿意盎然的路上，小声背诵着，步履匆匆走进劳模本科班的教室。

让劳动模范有更多机会接受高等教育，是党和国家对劳模群体的关怀和厚爱。得益于组织的培养和领导的关心，接近而立之年的熊文清再次进入校园，来到中国劳动关系学院劳模本科班就读社会工作专业，并有幸成为班长。劳模本科班的学生规模适中，他们来自全国十几个省市，克服家庭和工作上的各种困难来到北京脱产学习。不同于其他应届学生通过高考进入大学校园，劳模本科班的学生都有过社会工作经历，他们都是"身怀绝技"的优秀基层工作者。

能够来到这里学习代表着组织对熊文清的信任与期望，满含着对他的认可和鼓励。在北京学习的时光里，熊文清不敢放松，为自己打气："这次的学习机会并非只是我个人的荣誉，更是江西交通20万职工的共同期待和希望。"因此他不仅刻苦努力，为了自身发展而学习，还充分利用学校资源，为江西交通寻找发展的可能。每天和优质的课程共舞，近距离接触各种不同的知识和观点，让熊文清如痴如醉。

劳动者们在工作岗位上做出成绩并且有机会坐在这里学习已然是一个挑战，而学习这一过程对他们而言可能是一个更大的挑战。来自生产一线，文化基础相对薄弱是他们共同的特征。学历各不相同，年龄参差不齐，来自五湖四海，有的同学甚至用汉语交流都很困难。而在这里学习，他们要完成多门课程，与应届学生没有什么不同，每学期都有期末考试，毕业也要通过论文答辩，才能拿到文凭。

从劳动者变成学生，熊文清和其他同学一开始便遇到了巨大的困难，他们在教室里一坐就是一整天，觉得很煎熬且难以适应。但不怕吃苦、勇于挑战自我是劳模们共同的特点，他们珍惜这个来之不易的机会，努力克服一切困难。熊文清很快便适应了学生这个身份，经常奔波在教学楼、图书馆和宿舍之间，努力学习专业知识和社会工作技能以不断提升自己的综合素质，同时他也不忘积极参与各种实践活动和社会实践项目，将理论与实践相结合，通过实际操作来巩固所学知识。熊文清注重团队合作，与同学们共同进步，互相帮助和支持。

熊文清的身后是组织的培养、领导的关心、同事的支持以及父母的期望，他只能用努力和成绩，来证明自己对这份信任和期望的尊重和珍视，对这份培养和关心的感激和回报。熊文清也曾迷茫，但他一遍遍告诉自己："熊文清，这是一条充满挑战的道路，你要有信心、有决心、有毅力去面对和克服困难。我相信，只要你努力，就一定能够实现目标，不负大家的期待。"第二天他又重新调整好状态，来迎接新的挑战。

⊙ 2010年，熊文清（后排左二）与劳模本科班同学合影

　　熊文清来到北方，看到了不一样的松树。一个冬夜，他从教学楼出来，风雪里挺拔依旧的松树就出现在他的面前。他被深深震撼，北方的松树更坚定，无论遇到什么风霜，都心存定力，站稳脚跟，风吹不转向，浪打不迷航，巍然屹立在寂静的夜里。他就站在那里，静静地感受着一棵树的力量。"人不率则不从，身不先则不信。"身为班长，他学习松树的精神，不畏困难，以身作则。学好每一门课，做好每一件事，积极履行自己的职责，带领班级同学共同学习和成长。熊文清倾听同学们的建议，代表大家向学院反映问题和需求，并定期组织班级活动，促进同学们之间的交流和友谊。同时，他与老师们保持良好的沟通，及时反馈班级情况和同学们的学习进展，以便同学们更好地学习。

　　在整个学习过程中，熊文清最大的收获就是能够和来自全国各地、各行各业优秀的人共同学习、互相交流。他每天与优秀的人相处，从他们身上汲取勤奋、坚韧、创新和进取精神的养料，熊文清至今都印象深刻。同学们在小小的教室里自由表达观点，思维碰撞，斗志昂扬。每个人都有自己的专长和独特的见解，这些成功经验和人生智慧，对熊文清来说是无比宝贵的财富，他学会了如何面对困难和挑战，如何在压力下保持冷静和坚持，如何在生活中保持积极和乐观的态度。

　　在学习期间，熊文清充分利用学校提供的资源和平台，奔走在各类培训和学术交流的活动中，从而不断拓宽自己的视野，了解相关工作领域的最新动态和发展趋势。他积极关注社会热点问题，热心参与公益活动，为社会贡献自己的一份力量。

⊙ 2010年，熊文清（后排右三）参加2009级劳模班团建活动留影

⊙ 2011年，熊文清（前排左二）参加2009级劳模班座谈会留影

⊙ 2012年，熊文清（右）作为劳模班班长主持班会

⊙ 2013年，熊文清（二排右一）参加2009级劳模班毕业论文答辩

⊙ 2013年，2009级劳模班毕业合影（后排右一为熊文清）

4年匆匆而去，在返回江西的列车上，熟悉的场景从熊文清身旁倒退成残影，崭新的希望与畅想铺展在他的心头。满载繁星归航，盈满雄心壮志，他憧憬着自己的未来。

思维碰撞出火花

2013年从劳模本科班毕业后，熊文清重新回到了工作岗位，并于2014年担任了上饶市经济技术开发区收费站站长。

4年时间，熊文清脱胎换骨。他逐渐掌握了如何有效地与他人沟通，如何清晰、准确地表达自己的想法和观点。沟通表达能力的提升，使他在处理各类纠纷和矛盾时得心应手。这一变化也在潜移默化中影响着他的生活，让他在与人沟通交流时更加自信。熊文清也不忘将从劳模班学到的理论知识运用到工作实践中，他时常拿起笔记录自己的思考和感悟，使自身有更多自我反思和自我提升的机会。

此外，熊文清还走上讲台，进行公开演讲。一开始熊文清上台演讲时非常紧张，每次上台前都会焦虑地走来走去。通过不断的练习和学习，他逐渐克服了这种紧张情绪，现在他已经能够自如地在台上进行演讲了。无论是参加单位的竞聘，还是与其他优秀的同事同台竞技，他在各种场合都表现出游刃有余的自信。思路开阔，逻辑合理，心态积极，他充分展现着自己的风采，最终取得令人满意的成绩。

与其他优秀同事的同台竞技，让熊文清认识到自己的不足之处，激发了他不断进取的动力。在演讲中，他不仅需要展现自己的专业能力，还需要清晰地表达自己的观点和想法。由此，他开始注重逻辑思维的培养，学会用合理的论据和严密的推理来支持自己的观点，这种训练使他在工作中能够更加准确地分析问题，做出明智的决策。

思维碰撞出火花。在演讲中，熊文清接触到不同的观点和思维方式，让他耳目一新。只有拥有开放的心态，才能够更好地吸收新知识，拓展自己的思维。他意识到这一点后，开始主动与他人交流，倾听他们的意见和建议，从中汲取灵感，获得启发。积极的学习态度让他在工作中更加灵活地思考问题，找到更好的解决方案。

在单位的竞聘和演讲比赛中取得好成绩，只能说明熊文清这段时间表现出色，而他在这个过程中不断提升的能力和素质，是属于熊文清永远的财富。2018年，熊文清参加中国工会第十七次全国代表大会。在会上，他积极投身代表讨论中，热烈昂扬的氛围，思维碰撞产生的星星之火，使他似乎又站在与同事竞技的讲台上。他对自己的未来充满信心，相信只要保持积极的态度并不断努力，一定能够在职场中取得更大的成就。

⊙ 2018年，熊文清参加中国工会第十七次全国代表大会

⊙ 2018年，熊文清参加中国工会第十七次全国代表大会

家庭生活

2006年，熊文清和妻子相识。

那时，他们在同一家公司工作。由于工作地点的原因，尽管他们作为同事多年，却只见过几次面。两人停留在点头之交，彼此尚不熟悉。一直到2013年，熊文清结束了在中国劳动关系学院的学习生涯，重新回到工作岗位，他们结为夫妻的契机才到来。

那一年，熊文清参加了单位组织的大龄青年联谊会。他一直将精力投入工作中，鲜少有机会与异性交往。如今他已是而立之年了，环顾自己的同学和身边的同事，大部分都结婚了，有了自己的小家庭，甚至有的人的孩子都可以打酱油了。亲人们、同事们和领导们，无不在催促他赶快成家立业，他苦笑着解释道："工作太忙了，我过段时间一定去寻觅合适的对象。"说不孤单是假的，有时值完夜班回家，面对冷清清、只有自己一个人的房子，熊文清很想逃。

于是，熊文清欣然参加了联谊会，但他对这次联谊会并没有抱太大的希望，只是抱着试试看的心态。然而，他万万没想到的是，这次联谊会竟然成为他和妻子姻缘的起点。在联谊会上，熊文清和妻子开始工作之外的第一次正式交流。在热闹的环境中，两人相视一笑，仿佛所有的陌生感都消失了。像所有的爱情故事开始那样，熊文清和妻子都被对方吸引，于是找到人少的地方坐下来，开始了长达两个小时的深入交谈。他们很快就发现彼此间有许多共同之处和互补之处，两个人好似世间少见又彼此吻合的拼图。经过一段时间相处，他们的心靠得更近，在亲友的祝福下满怀期待地走向婚姻的殿堂。

结婚后，他们迎来了两个可爱的女儿。然而，遗憾的是，在孩子们出生的时候，熊文清因为工作的原因无法陪在妻子的身边，这让他感到很遗憾和愧疚。作为丈夫和父亲，他不应缺席这个重要时刻，他本应该守在她们身旁，给予她们关爱和支持。这么多年来，妻子不仅承担起照顾孩子的责任，悉心呵护孩子们的成长，还关心着他们的父母，让父母得以安享晚年。这让熊文清少了很多后顾之忧，正是因为有了妻子的支持和付出，他才能够全身心地投入工作中，踏实地做好每一件事情。

熊文清十分感激妻子的辛勤付出，也让他更加珍惜与家人相处的时光。熊文清暗暗发誓——要努力调整自己的工作和生活，争取在家庭和事业之间找到一个更好的平衡点，多花些时间陪伴和关爱亲人，用心教育孩子，让她们懂得感恩，学会关心和尊重母亲。

离别是爱的晚照，将盛夏烧光。

2017年，熊文清被任命为江西高速公路投资集团南昌东管理中心南昌南管理处副处长兼江西高速公路投资集团南昌东管理中心南昌南收费站站长，主要承担管理工作的职责。为确保收费站的运营流程顺畅，以便车辆能够顺利通过，不会因为任何原因而造成交通堵塞，熊文清密切关注收费站的运行情况，及时处理各种突发问题，确保收费站的正常运作。

谁知，遗憾来得那么突然。在熊文清这段疲于工作的时间里，他的父亲被诊断为癌症晚期，生命垂危。而熊文清因为工作的原因，无法陪伴在父亲的身边，只能在视频电话里，无助地看着父亲日渐消瘦的身体，绝望地听着父亲再也无法忍住的痛苦呻吟，心如刀绞。父亲用尽全力扯出一抹勉强的笑，安慰自己的儿子："儿子，还是工作更重要。爸爸很快就会好的，你先去忙吧。"熊文清泪流满面，一遍又一遍嘱咐父亲："爸，您坚持下去，多吃点饭，我忙完就去看您。"

熊文清在收费站里忙碌地工作，试图转移自己的注意力。眼泪却总是不争气地流下来，狠狠地砸向他的工作服。他想要尖叫，想要离开这里去照顾父亲，想要握住父亲的手，告诉他别怕。无情的现实将他拉回，他不能离开自己的岗位，他有责任守护好收费站，保持交通畅通，他必须舍小家为大家。遗憾如雪花飘落无法紧握。每当熊文清提起父亲，眼里总泪光闪闪，哽咽道："这是我一生中最大的遗憾，我无法原谅自己。"子欲养而亲不待。他时常想起小时候，想起父亲的谆谆教诲，想起父亲壮年时在田间劳作，想起父亲病重时瘦削的面庞，想起他无法陪在父亲身边的那些日子。

失去亲人，如同生命中挥之不去的潮湿，熊文清深知永远也无法弥补这个遗憾了，他守着日子，继续上路，忍住痛苦，待它结成伤疤。他能做的只是在有限的休息时光里多陪伴自己的亲人，不让遗憾重演。

⊙ 2019年，熊文清和大女儿在学校参加活动

⊙ 上图　2018年，熊文清与外婆、母亲郊游合影
⊙ 下图　2020年，熊文清与母亲在广东清远游玩合影

祖国是大树，他是树叶

从运动员到收费员，再从收费员到驾驶员又回到收费员，熊文清秉承着不懂就要赶紧学，还要超前学的精神来适应不同的岗位。

一项项接踵而来的荣誉，没有迷失熊文清的双眼。他加倍努力地工作，不断地走向成熟。谦逊是他的常态，面对外界的提问，他总是诚恳地说："其实我只是做了一件我自己应该做的事情。而组织和领导却给了我这么多的荣誉和这么高的评价，这个荣誉不是褒奖我自己，而是褒奖这种见义勇为和无私奉献的精神。我自己也要向这种精神学习，不断地完善自我。"他做到了他承诺的事，踏踏实实工作，勤勤恳恳奋斗，与时俱进，改革创新，为过往司乘人员提供更加优质的服务。

面对未来，熊文清常怀着期待的心憧憬地说："我期望自己能够成为一个对国家和人民有贡献，在关键时刻挺身而出维护国家繁荣稳定的人。把平凡的工作做好，就是不平凡；把每一件小事情做好，就是大事业；江西交通系统越办越好，就是我们的国家越来越好。"组织也从不辜负辛勤付出的人，给予熊文清许多机会，让他有机会参加各种各样有意义的活动，让他有机会对现实问题的看法和对未来的憧憬畅所欲言。

"我希望自己能够成为同事们可以信任的人。"在同事眼里，他言行一致，是值得信赖的好伙伴，无论何时何地，他们都可以信赖他，把任务交给他，可以放心让他去完成。熊文清怀着将江西交通系统做大做强的信念，联合单位同事们，不断学习，开拓进取，积极开展多样的活动，将新鲜活力注入江西交通系统，以点带面，以活动促发展。

"我还希望自己能够成为孩子们的榜样。"在孩子们眼里，父亲教会她们什么是坚韧不拔，什么是无私奉献，什么是对生活的热爱和对未来的期待。孩子们看父亲，一如小文清在五星垦殖场看自己的父亲。熊文清通过自己的努力，实现了自己的梦想，过上自己想要的生活。孩子们都以他为榜样，继续传承从五星垦殖场传来的良好家风。

"最后，我希望自己是家人的坚强依靠。"家人一遇到困难，第一个想到的就是熊文清，他是家人的支持和依靠，是他们的救星和保护者，是他们的陪伴和安慰。他是收费站小小的一分子，却是妻子的依靠，是父母的寄托，是孩子的依靠。"家是最小国，国是千万家"，他为国家奋斗的同时，也在为自己的小家带去更多的希望。

熊文清说，祖国是大树，他只是一片树叶。他在祖国这棵大树的庇护下，努力地摇曳着自己的身姿，在自己的岗位上兢兢业业，不断奉献着自己的力量，仿佛一片充满活力的树叶在微风中舞动。他摇啊摇，谱写着劳模之歌，他多快乐！

⊙ 2018年，熊文清在中国劳动关系学院参加座谈会

⊙ 2023年，熊文清在井冈山学习

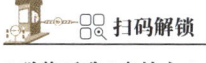扫码解锁

◎群英颂歌◎赤忱之心
◎业务精进◎奋斗底色